# 팀장은 처음이라

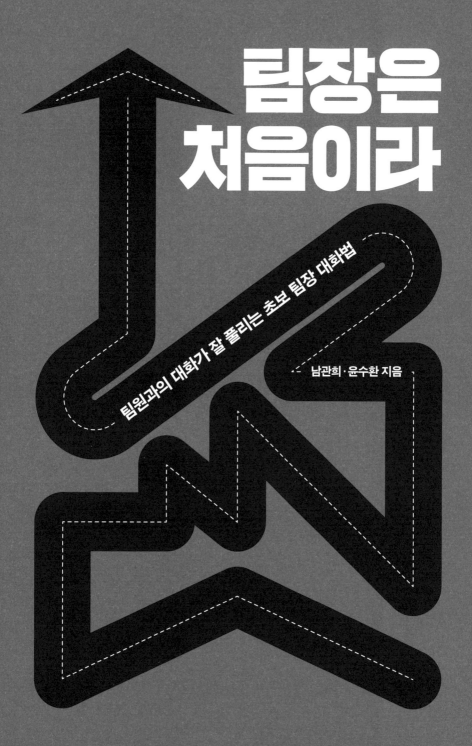

# 팀장은
# 처음이라

팀원과의 대화가 잘 풀리는 초보 팀장 대화법

· 남관희 · 윤수환 지음

교보문고

처음 팀장이 된 신임 팀장들은 무엇을 가장 걱정할까? 그건 바로 팀원과의 대화다. 이 책에는 리더가 팀원의 의견을 어떻게 이끌어 내고 어떤 식으로 대화를 끌어나갈지에 대한 생생한 대화법과 함께, 조직 내 문제를 해결할 수 있는 구체적인 '팀장의 대화 스킬'을 보여준다. 리더라면 누구나 겪게 되는 다양한 상황들을 미리 알아보고 역할극에서 나누는 대화를 미리 경험하고 대비한다면, 당신도 능력 있는 팀장으로 거듭날 것이다.

● 김웅배 코치(LG인화원 코칭 칼리지 학장)

팀장의 대화 능력은 팀의 성과와 분위기에 직접적인 영향을 미친다. 이 책은 팀장들이 직면하는 다양한 상황에서 팀원과 효과적으로 대화하는 방법을 보여주고, 팀원들의 신뢰를 얻을 수 있는 법에 대한 명확한 해답을 제공한다. 팀원과 어떻게 대화를 시작해나갈지 고민되는 초보 팀장은 물론, 팀장의 역할을 다하기 위해 노력 중인 모든 팀장들에게 이 책을 적극 추천한다.

● 송길주 팀장(CJENM TVING API Platform)

팀장으로서 첫걸음을 내딛는 이들에게 필수적인 안내서다. 이 책은 팀장의 역할을 효과적으로 수행하기 위한 실질적인 조언과 초보 팀장이라면 반드시 알아야 할 '대화 전략'을 제공한다. 이 책을 읽다 보면 리더가 구사해야 하는 대화, 그리고 하면 안 되는 대화가 어떤 차이점이 있는지를 알게 되고, 그 점에 놀라게 될 것이다. 팀원들과의 원활한 소통과 신뢰 구축을 원하는 초보 팀장들에게 강력히 추천한다.

● 유지영 팀장(홈플러스 HRD)

초판이 발간되고 난 후 이 책은 현장에서 고군분투하고 있는 팀장들의 많은 공감을 얻었다. 《팀장은 처음이라》에 나오는 다양한 사례의 역할극을 즐기면서 팀장들 스스로가 효과적인 대화의 중요 포인트를 알아차리고, 실제 대화에 적용할 수 있었다는 말을 자주 들었다.

보통 '팀장의 리더십'을 다룬 저서나 관련 교육 내용을 살펴보면 좋은 리더십을 발휘하기 위해서는 어떤 태도로 행동해야 하고, 특정한 상황에서의 대화는 이렇게 하면 좋다는 식의 설명을 주로 한다. 하지만 《팀장은 처음이라》에 담긴 내용은 그와 차별화되는 지점이 있다는 평을 들었고, 몇몇 기업에서는 HR 헤드 또는 CEO가 이 책을 팀장들에게 선물한다는 이야기도 전해 들었다. 저자로서 뿌듯한 일이 아닐 수 없다.

이번 개정판은 크게 두 가지 부분을 보완했다. 첫 번째는 새로운 사례들을 추가한 점이다. 초판 발행 이후에도 여러 기업의 조직장 코칭과 함께, 이제 막 팀장이 된 이들에게 교육을 진행하며 그들의 고충을 더 들어볼 수 있었다. 그리고 그들이 겪은 일 중에서도 자주 겪었거나 까다로운 사례를 유튜브 Youtube 채널 〈쌍방향 코칭과 피드백(쌍코피)〉에서 꾸준히 다루었고, 구독자들에게 공감을 많이 받은 내용을 추려서 이번 책에 담았다. 두 번째로는 각 사례를 재배열하며 구성을 달리했다. 팀원과 대화를 나누기 전에 관련 상황에 맞는 사례를 일부러 찾아보는 분이 많다는 걸 알게 되어서, 본인 이슈와 연관된 대화를 쉽게 찾을 수 있도록 4개 파트로 나누어 구성했다. 한번에 쭉 읽고 끝내는 책이 아니라, 경력이 오래된 팀장도 참고서 삼아 다시 펼치게 되는 책이라는 점을 고려한 것이다.

이번 개정판을 통해 초보 팀장들이 '진짜' 팀장으로 거듭날 수 있도록, 리더십에 도움 되는 대화의 노하우를 많이 얻어갔으면 한다. 그리고 부디 한층 더 수월한 삶으로 나아가길 진심으로 바란다.

2025년 2월
남관희 윤수환

팀장은 누구인가? 팀장의 가장 중요한 역할은 무엇인가?

팀장에 대한 무수한 정의와 역할이 책마다 넘쳐나지만, 그 모든 말들을 모아서 한마디로 하라면, '핵심 시너지 책임자'라는 말을 쓰고 싶다. CSO Core Synergy Officer!

팀장은 전체 조직이 시너지를 낼 수 있도록 협력하면서 일하는 단위 조직의 장이며, 또한 팀이 시너지를 낼 수 있도록 팀원들을 이끄는 리더다. 위와 아래를 동시에 주시하며 일해야 하는 핵심 시너지 책임자로서 늘 화두로 삼을 것은 '시너지'다. 그렇다면 이를 일상의 삶 속에서 어떻게 수행할 수 있을까?

그것은 바로 '팀장이 하는 말'을 바꾸는 것이다. 시너지를 부르는 대화, 즉 나의 지혜와 너의 지혜를 모으는 대화를 해야 한다.

이게 바로 코칭 대화다. 그리고 코칭 대화를 익히는 게 곧 수행이다. 팀장이 되면 보통 코칭 교육을 받게 된다. 한두 시간짜리 특강부터 이삼일짜리 교육프로그램까지 다양하게 접할 수 있다. 하지만 교육을 받을 때 '이렇게 하면 좋다' '저렇게 하면 좋다'는 걸 배우지만 실제 상황 속에서 쓰는 대화 내용까지 알기는 어려운 점이 있다. 그래서 우리는 팀장들이 생생한 대화를 보고 접할 수 있도록 유튜브 채널 〈쌍방향 코칭과 피드백(쌍코피)〉을 개설하고, 영상을 제작했다. 그리고 제작한 유튜브 영상 중 팀장들이 가장 궁금해하는 상황을 추려서 책으로 펴내게 되었다.

유튜브 영상은 팀장들이 조직에서 맞닥뜨리는 고민스러운 상황에 대해 저자 둘이서 역할극role play을 한 후 대담하면서 해설하는 구성이다. 그 자리에서 시나리오 없이 진행하는 것이어서 생동감과 현장감이 그대로 살아 있다. 실제 상황에 써보고 싶은 대화가 많다고, 정말 좋은 수들을 배웠다며 많은 리더들이 만족한다. 그보다 더 좋은 건 코치형 팀장이 가져야 할 마음가짐이나 태도가 역할극에 그대로 녹아 있어 감동이 된단다. 그 배움과 감동은 그대로 담고, 해설은 더 체계적으로 재구성하여 이 책에 담았다.

이 책은 팀장이 만나는 대표적인 상황을 선정해서 역할극과 함께 해설을 곁들였지만, 역할극에 나온 대로 말해야 한다는 정답을 보여주려는 것은 아니다. 팀원의 지혜를 모아서 시너지를 일으키려면 어떤 마음가짐과 어떤 방식으로 대화해야 하는지는 보여주고자 했다.

내 지혜를 알려주기에만 급급한 대화 방식에서 벗어나서 그들의 지혜를 듣고 모을 수 있는 대화 방식으로의 전환은 핵심 시너지 책임자로서 분명히 넘어야 할 첫 번째 중요한 고개다. 그저 그런 팀장으로 남는 것과 훌륭한 팀장이 되는 갈림길이 바로 여기다.

코칭 대화는 아는 만큼 잘할 수 있는 것이 아니다. 몸에 익힌 만큼 잘할 수 있다. 지금 내가 익숙하게 말하는 방식과 수준이 있는데, 여기서 쉽게 좋아지거나 높아지지 않는다. 예를 들면 모든 리더십이나 코칭 교육에서 인정과 칭찬을 하는 게 좋다는 말은 익히 들어서 알고 있지만, 그게 그리 쉽게 나오지 않는다. 왜 못 하겠냐고 물으면 어색해서 못 하겠다고 한다. 어색해서 못 하겠다는 말은 내게 익숙한 방식대로 그냥 살겠다는 말이다. 변화와 성장을 포기하고, 현재 수준 그대로 살겠다는 말과 다를 바 없다.

이 책을 통해 팀장으로서의 변화와 성장을 이루고 싶은 이들이라면, 그리고 이 책을 보며 '아, 이렇게 하면 좋겠다'라는 생각이 드는 부분이 있다면, 망설이지 말고 어색해도 자꾸 시도해보라. 그 시도가 어색하지 않고 편안해지면 그만큼 리더십 역량이 자란 것이다.

독자들의 어색한 시도를 응원한다.

감사해야 할 사람들이 많다. 이솔잎 본부장님, 유니코써치의 정홍선 전무님, 네이버 카페 '팀장클럽'으로 우리를 이끌어주신 강병기 팀장님, 인터비즈의 정언용 팀장님, 박은애 기자님 덕분에 이 책이 나오게 되었다. 책의 출간을 맡아준 교보문고에도 고마움을 전한다. 그리고 가족들, 지인들, 코칭을 배우고 사랑하는 모든 분들에게 이 자리를 빌려 감사를 전한다.

2020년 12월

남관희 윤수환

**차례**

**일러두기**

＊ 이 책은 2020년도에 출간된 《팀장은 처음이라》의 개정판입니다.
＊ 국내 출간된 단행본은 《》, 사서·신문·유튜브 채널은 ◇로 표기했습니다.
＊ 원문 및 추가적인 용어 표기가 필요한 경우에는 첨자를 넣었습니다.

# PART 1.
# 팀장이 갖춰야 할
# 리더십 철학

# 1.
# 마음가짐, 그리고 말

리더십 교육이나 코칭 교육을 하다 보면 팀장이나 리더들이 "결국 도 닦으라는 이야기잖아요" 하는 경우가 많다. 맞는 말이다. 자신의 도량이 커지는 만큼 리더십 역량도 커진다. 팀장의 코칭을 일종의 기술로 여기면서 '이런 상황에서 팀원에게 이런 기술을 쓰면 좋다'라는 처방이 단기적으로는 통할 수 있다. 하지만 이런 처방이 통하는 건 팀원이 처음 한두 번 실수했을 때나, 상황에 대해 미처 파악하지 못했을 때뿐이다. 그저 기술로만 팀원을 이끌려고 한다면 금방 한계를 느낄 것이다.

팀장은 더 근원적인 변화를 모색해야 한다. 같은 말을 하더라도, 어떤 마음을 가지고 접근하느냐에 따라 효과는 분명 달라진다. 아마도 대다수의 팀장은 '어떻게 하면 저 문제를 해결할까?' 하는 마음을 가지고 있을 것이다. 무기력한 팀원은 활력을 갖게 만들어야 하고, 자꾸 지각하는 팀원들은 제시간에 출근할 수 있도록 제재를 취해야 한다. 왜 그럴까? 이것은 아주 오랫동안 상사에게 배워온 방식이고, 사회생활을 하면서 자연스럽게 접해온 문화이기 때문이다.

이 방식을 바꾸려면 먼저 마음을 바꿔야 한다. 그리고 마음을 바꾸는 가장 기본적인 출발점은 '나'를 바꾸는 데 있다. 팀 구성원을 문제 있는 사람이 아니라 괜찮은 사람으로 여길 때 비로소, 나의 도움이 상대방을 성장시킬 수 있다. 즉 상대방을 바꾸려 하기 전에 먼저 나를 바꿔야 한다.


## 상대방을 바꾸려면
## 먼저 나를 바꿔야 한다

상대방을 바꾸고자 했던 코칭의 과제가 나에게 돌아오면 아마 당황하는 사람도 있을 것이다. 상대방을 바꾸는 일에는 큰 저항을 느끼지 않았겠지만, 자신을 바꾸자니 변화가 쉽지 않다는 것을 실감하기 때문이다.

나를 바꾸는 가장 명료한 방법을 공개하겠다. 말을 바꾸는 것이다. 리더십은 커뮤니케이션이다. 많은 사람이 신경 쓰고 또 어려워하는 대인관계 역시 말이 기본이다. 내 말을 바꾸면, 내 마음이 바뀌고, 내가 상대방을 보는 마음이 바뀐다.

어떤 말이 여기에 해당할까? 어떤 상황에서도 상대방을 괜찮은 사람, 귀한 사람으로 보고 말하는 것이다. 그가 잘못했을 때나 불평할 때, 내 마음이나 내 생각을 표현하기 전에 그의 입장, 그의 마음을 먼저 헤아리는 말이다. 나와 의견이 다를 때 답답해하지 않고 호기심을 갖고 질문하는 말이다. 성과가 좋지 않을 때 그를 야단치기 전에 그가 얼마나 스트레스를 받고 있을지 마음을 먼저 알아주는 말이다. 잘못된 일을 지적할 때, 날카롭지만 사람이 다치지 않게 모든 주의를 기울이는 말이다. 일상의 행동에서도 그가 얼마나 괜찮은 사람인지 인정해주는 말이다.

그런 의미에서 보면, 이제 마음이 먼저고 말이 나중이 아닌, 마음과 말이 서로서로 보완해주는 관계가 된다. 물론 처음에는 마음이 중요하다. 괜찮은 사람이라는 마음을 가지고 말, 즉 대화를 시작하면 먹힐 텐데, 여기서는 말이라는 기술을 쓰다 보면 '저 사람도 괜찮은 사람'이라고 마음도 바뀌는 것이다. 마치 어떤 일은 좋아서 잘하게 되었는데, 또 다른 일은 잘하니까 좋아하게 되는 그런 느낌이랄까. 종합해보면 마음만 중요한 게 아니라, 말도 그에 못지않게 중요하다는 점이다.

# 말 한마디로
# 인생을 바꾼 사람들

바보 온달과 평강 공주의 이야기를 기억하는가? 넝마 같은 옷과 다 떨어진 신발을 신고 구걸하러 다니는 온달을 모든 사람들이 바보라고 놀렸지만, 평강 공주만은 괜찮은 사람으로 봐주고 가능성 있는 사람으로 봐주었다. 그러니 그에게 사용하는 언어도 자연스럽게 인정하는 말, 위해주는 말, 칭찬하고 도와주고 잘 들어주는 언어를 썼을 것이다. 그런 말들이 온달의 잠재력을 깨워 고구려 최고의 장수로 거듭나게 만드는 원동력이 되었을 것이다.

20세기 최고의 경영자로 손꼽는 데 주저함이 없는 잭 웰치Jack Welch 전 제너럴 일렉트릭General Electric, GE 회장은 어머니의 숨은 공로 덕에 혁신 경영자가 될 수 있었다고 말했다. 잭 웰치는 어린 시절에 말을 더듬었는데, 이 때문에 친구들에게 놀림을 당하기 일쑤였다. 하지만 그의 어머니는 "네가 말을 더듬는 이유는 생각의 속도가 너무 빨라서 입이 그 속도를 따라가지 못하기 때문이란다" 라고 이야기해주었다고 한다. "똑바로 말하지 못해?" "그건 그렇게 발음하면 안 돼" "애들이 놀리는 건 무시해" 같은 윽박지르기식 충고나 상대방을 무시하는 발언이 아닌, 아들의 잠재력을 키울 수 있는 격려의 말을 해준 것이다. 코칭의 마음은 바로 이런 것이 아닐까? 이런 가능성의 마음이 바탕이 되기에, 저런 말이 가능한 것이 아닐까?

PART 1. 팀장이 갖춰야 할 리더십 철학

평강 공주는 바보 온달에게 어떤 말, 어떤 기술을 사용했을까? 발명왕 토머스 에디슨Thomas Edison의 어머니는 주의력 결핍 장애의 전형적인 모습을 보여준 에디슨에게 어떤 기술을 사용해서 그를 천재적인 발명가로 만들었을까? 배고픔에 빵 한 덩이를 훔친 죄로 19년간 복역한 범죄자 장 발장은 미리엘 주교에게 어떤 말을 듣고서 마음을 고쳐먹고 시장까지 될 수 있었을까? 그들에게 사용된 기술은 무엇이었을까? 진짜 팀장으로 거듭나기에 앞서, 먼저 마음가짐부터 준비해야 할 것이다.

# 2.
# 문제 있는 팀원은 없다

스포츠 경기를 즐겨 보는 사람들에게 '코치 coach'의 존재는 익숙하다. 야구를 예로 들어보자. 감독이 선수단과 경기 전체를 관장하는 위치라면, 코치는 세분화되고 전문화된 선수 포지션별로 관리하고 조언해주는 역할이다. 이 역할을 수행하는 것을 코칭 coach-ing이라고 한다. 그런데 코칭은 이제 스포츠 경기에서만큼 기업에도 익숙한 말이 되었다. 과연 기업과 비즈니스에서 사용되는 코칭이란 무엇일까?

국제코칭연맹에서는 코칭을 다음과 같이 정의하고 있다.

'코칭이란 고객의 개인적, 직업적인 잠재성을 최대한 이끌어내도록 생각을 자극하며 코치-고객 간에 창의적인 협력관계를 갖는 것이다.'

실제로 현장에서 코칭을 하고 있으며, 코치를 교육하고 있기도 한 나는 "코칭은 사랑이다"라고 정의한다. 보통 기업 측면에서 볼 때 가장 중요한 것은 성과다. 기업에 따라 성과 자체에 초점을 맞추거나 성과를 내는 사람에게 초점을 맞춘다는 차이가 있을 뿐이다. 이 성과를 내기 위해 '사람들의 성장을 통해서, 성과를 내도록 돕는 리더십 도구'가 바로 코칭이다. 이것이 어떻게 사랑으로 연결될까?

기업에 강의하러 가면 임원이나 팀장들에게 꼭 하는 질문이 있다. "리더로서 당신이 원하는 것이 무엇입니까?" 그러면 팀장들의 대답은 거의 한결같다. 팀원을 성장시키고 싶다. 이것이 첫 번째로 나오는 답이 아니더라도 두 번째나 세 번째에는 반드시 나온다. 좋은 성과를 내고 싶다는 답보다는 훨씬 자주 듣는다. 나는 여기에 굳이 여러 의미를 부여하지 않는다. 팀원을 성장시키고 싶은 마음이 팀원을 사랑하지 않는데 일어날 수 있을까?

《아직도 가야 할 길The Road Less Travelled》의 저자 스콧 펙Scott Peck은 사랑을 자신이나 타인의 성장을 도울 목적으로 자신을 확대시켜 나가는 의지라고 정의한다. 성장은 사랑으로부터, 성과는 성장으로부터 비롯되는 세상, 이것이 바로 코칭으로 이루어지는 세상이다.

## 문제가 있는 게 아니라
## 팀원마다 사연이 있다

이제 코칭은 '사랑을 바탕으로 사람을 위하고 돕고 성장시키는 것'이라고 정의하자. 여기서 가장 중요한 것은 '어떻게'다.

'어떻게'라는 방법을 설명하기 전에 팀장들의 고민을 먼저 이야기해보자. 요즘의 초보 팀장들은 본인부터가 MZ세대인 경우가 많다. 팀원 시절에는 대부분 X세대를 팀장으로 두고 그들의 방식에 맞추어 일했겠지만, 이제는 낀 세대가 되어 새로운 방식으로 MZ 팀원들을 이끌어야 하는 처지다. 요즘 팀원들은 개성이 강하고 이전과는 전혀 다른 사고방식과 행동을 보여줄 것이다.

그럴 때 코칭은 어떤 효과를 발휘할 수 있을까?

팀장들이 궁금해하는 것이 바로 이런 것 아닐까? 모든 코칭에 앞서서 선행되어야 할 것이 마음을 바꾸는 것이다.

'업무를 지시했는데 별다른 대답 없이 자리로 간다거나 지시한 자료가 아닌 엉뚱한 자료를 가져올 때, 해야 할 업무가 있는데 자꾸 자리를 비울 때, 워라밸을 내세워 퇴근 시간만 기다리고 있을 때…'

팀원에 관해서 이렇게 표현하는 것은 그 대상을 문제 있는 팀원으로 바라보고 있다는 증거다. 물론 이것은 자연스러운 반응이다. '이렇게 해주면 좋을 텐데, 그런 행동이나 대답이 나오지 않는다.' 이런 상황에서는 상대방을 문제 있다고 보는 게 인간의 자연

PART 1. 팀장이 갖춰야 할 리더십 철학

스러운 시각이므로 이해는 간다. 관건은 문제 있는 인간으로 판단한 뒤에는 그 상대방을 움직이는 게 쉽지 않다는 점이다.

'저거 문제 있는데, 고쳐야 하는데' 하는 사고방식은 코칭적 접근법이 아니다. 그 대신 그들이 왜 그러는지 궁금해하고 호기심을 갖고 그들도 기본적으로는 괜찮은 사람이라고 보는 것이 코칭적 접근법이다. 문제가 있다는 시선으로 보지 말고 이렇게 생각해보자. 우리 회사에 들어올 정도면 얼마나 노력했겠는가? 회사도 뽑을 때 얼마나 심사숙고해서 그중 괜찮은 사람을 뽑았겠는가? 그렇게 선별되어 입사한 사람이 왜 저런 행동을 하고 있을까? 그들이 저런 행동을 통해 요구하는 바는 무엇인가? 이렇게 팀원의 행동을 이해하려는 기본적인 사고방식 위에서 해결책을 탐구한다면 그 방식은 통하겠지만, '저 사람 문제 있구나' 하는 사고방식으로 접근하면 결국 한계에 부딪힐 수밖에 없다.

코칭에는 말도 중요하지만, 기본적으로 팀원을 바라보는 시각이 가장 중요하다. 그들을 문제 팀원으로 볼 것이 아니라 '저들도 틀림없이 회사에 기여하고 싶을 텐데…'라는 시각으로 근본을 이해하려는 노력이 선행되어야 한다. 그렇게 이해하려는 입장으로 시작했을 때, 그제야 말이 먹히기 시작한다. 정리하자면, 마음이 먼저고 말이 나중이다.

마음 없이 말 쓰면, 사기꾼이다.

# 3.
# 방목형 팀장이 되지 마라

코칭의 기술 중에 인정이라는 기술이 있다. 흔히 혼동하는 개념이 있는데, 바로 인정과 칭찬이다. 코치들도 그렇고, 코칭을 연구하는 이들 가운데서도 이 두 가지를 꼭 구분해야 하느냐는 사람들과 둘은 엄연히 다르다고 하는 사람들로 갈린다. 결국 비슷한 의미이겠지만 정의하기에 따라 다르지 않을까? 굳이 구분해보자면 인정이란 '상대방이 그렇다는 것을 내가 아는 것'이다. 예를 들어보자.

"팀장님, 저 보고서도 작성해야 하고 프로젝트 진행 건 때문에 회의도 참석해야 하고 김 과장님이 부탁하신 데이터 수집도 하느라 너무 힘들어요."

팀원이 이처럼 말했을 때 "많이 힘들겠네요"라고 말해주는 것은, 상대방이 많이 힘들다는 것을 내가 알고 있다는 것이다. 이 '안다'는 것이 바로 인정한다는 말이다. 영어로는 'acknowledge'에 해당한다. 여기에는 '안다'는 뜻이 담겨 있다. 영어에는 비슷한 의미로 understand와 know라는 단어가 있는데, 굳이 acknowledge라는 단어를 사용하는 것을 보면 뭔가 달라도 다르겠지 싶다. 영어사전을 뒤져보면 acknowledge는 다음과 같은 뜻을 가지고 있다. 'to say that you accept or do not deny the truth or existence of(something)', 해석해보면 '무언가의 존재나 사실(진실)에 대해 당신이 받아들인다(또는 부정하지 않는다)고 말하는 것'이라는 뜻이다. 우리가 말하고자 하는 바에 딱 들어맞는 설명이지 않은가? 찜질방에서 시원한 식혜 한 잔을 죽 들이켠 기분이다. '어떤 사실(진실)에 대해서 내가 받아들인다고 말하는 것' 그중에서 특히 '말해줘야(to say) 비로소 인정이 완성된다'는 부분이 그렇다.

그렇다면 칭찬은 무엇일까? 막상 정의를 내리자니 쉽지 않으니 먼저 사례로 살펴보자. 우리는 언제 칭찬을 받을까? 아마도 행동을 잘했을 때, 좋은 결과를 냈을 때 그럴 것이다. "박 대리 이번에 목표 달성했네요" "지각을 한 번도 안 했네요" 등등의 칭찬은 상대방이 무언가 좋은 행동을 하거나 좋은 결과를 냈을 때 하는 것이다.

반면에 인정은 결과가 좋지 않아도 할 수 있다. 꼭 결과를 가지고 하는 것이 아니다. 과정을 지켜보고 그것에 대해 인정해줄 수 있다. "정은 씨가 노력을 많이 했네요" "윤 대리, 이번에 신입 팀원

도와주는 것을 보니 배려심이 많은 걸 알았습니다" "조 과장님, 끝까지 일을 해내는 모습을 보니 책임감 있네요" 이것이 가능한 이유는 인정이 '사실을 있는 그대로를 받아들이고 말하는 것' 때문이다.

여기서는 굳이 구분해본 것으로, 현실에서 칭찬과 인정은 구분이 안 되는 경우가 많을 수 있으니 '이때는 칭찬해야 하나? … 인정해야 하는 것 같은데' '잠깐 지금 내가 한 게 칭찬인가, 인정인가?' 하는 고민은 잠시 접어두어도 좋을 듯하다. 칭찬이든 인정이든 일단 많이 하자. 한 범주 안에 놓고 마음껏 말하자. 쥐만 많이 잡을 수 있다면, 검은 고양이든 하얀 고양이든 상관없지 않은가?


## '괜찮은 사람'이라는
## 피드백의 지속

코칭은 오가는 대화를 통해 진행된다. 대화에서 중요한 것이 '신뢰'이고, 신뢰를 위해서 존중을 표현하는 것이 중요한데, 일상에서 존중을 표현하는 가장 효과적인 방법이 칭찬과 인정이다. 칭찬과 인정은 상대방을 괜찮은 사람이라고 보고 있는 내 마음을 알려주는 행동이다.

상대방을 괜찮은 사람으로 보는 것은 어떤 의미가 있을까? 내가 그를 괜찮은 사람으로 보고 있고 또 그 사실을 상대방이 알고 있다면, 그 사람이 어디 가서 어떤 행동을 할지는 몰라도, 적어도 내 앞에서는 괜찮은 사람 역할을 하려고 노력할 것이다. 내가 그를 중요하지 않고 결함이 있는 사람으로 보면, 상대방은 굳이 내 앞에서 괜찮은 사람이 되려고 노력하지 않을 것이다.

지금은 좀 달라졌을 것 같은데, 예전에는 어느 고등학교든 전설처럼 골통 같은 학생 이야기가 몇 개씩 전해 내려왔다. 술, 담배, 폭력 등으로 선생님들로 하여금 혀를 내두르게 하고, 심지어는 설설 기게 만드는 학생과 그를 통제하려는 교사 간의 기 싸움에 대한 재미있는 이야기들이다. 여기서 진짜 전설이 되는 과정에는 통제 불능의 그를 휘어잡는 교사가 한 명 등장한다. 많은 경우 그 교사는 뱃심도 있고 카리스마가 있어 무섭기도 하지만, 문제 학생과 맞담배도 하고 강소주를 함께할 수 있는 소탈함을 갖춘 사람이다. 모든 학생들이 무서워하는 선생님이 그 문제 학생을 불러서 맞담배를 피우고 술 한잔을 같이하면 어떤 일이 벌어질까? 그 학생은 나를 문제아로 보기보다는 수평적인 관계로 대해주는 것(존재로 대해주는 것)에 감읍하고 그 교사 앞에서는 순한 양이 된다. 이제 비로소 그 학생에 대한 선한 영향력을 발휘할 수 있게 된다.

이게 선한 영향력의 핵심이 아닐까? 그런데 인정과 칭찬은 한 번 하고 끝이 아니다. 리더는 그 사람이 얼마나 괜찮은 사람인지 계속 확인시켜줘야 할 필요가 있다. 한 번 이야기하면 됐지 같은 걸 또 해야 하나 싶겠지만 계속 반복적으로, 끊임없이, 항상, 자주 이야기해줘야 한다. 리더가 아무 말 안 하면 말을 안 한 것이 아니라, 인정을 안 한 것이 되어버린다.

이게 무슨 말일까? 매일 반복되는 업무라고 하더라도 팀장이 피드백해주지 않고 인정해주지 않으면 팀원은 '중립'에 있는 것이 아니라, 마이너스로 떨어진다. 팀장은 팀원이 평소 하던 대로 잘하기에 아무 말 안 했을 뿐이다. 혼내지도 않았고 칭찬도 안 했는데, 팀원은 '내가 마음에 안 드나?' '내 업무에 문제가 있나?' 하고 생각한다.

팀장이 인정의 표현을 안 한다는 것은, 팀원 입장에서는 인정받지 못했다는 뜻이다. 그러니 팀장이라면 이 점을 각별히 조심해야 한다. 팀원을 인정해주지 않으면, 팀원들은 '팀장은 나에게 관심이 없어' '나는 팀장에게 인정받지 못하는 사람이야'라고 느낀다. 팀장들은 충분히 억울할 만하다. 팀원을 마이너스로 본 게 아니라, 그냥 말만 안 했을 뿐이기 때문이다. 하지만 리더가 해야 할 일이 바로 그것이다. 리더의 자리는 그냥 올라가는 게 아니며, 그냥 유지되는 것도 아니다. '가만히 있으면 중간이라도 간다'는 말은, 적어도 팀장에게는 안 먹힌다.

인간은 사회적 동물이라고 했다. 따라서 사람들이 나를 괜찮은 사람으로 봐줄까 하는 것이 지속적인 관심 사항이다. 조직에서는 수평 관계에서도 그렇지만, 특히 상하 관계에서 '상사가 나를 괜찮은 사람으로 보고 있는가'는 중요하고 지속적인 관심 사항인 것이다. 그런 의미에서 팀장은 팀원을 괜찮은 사람으로 봐주고, 표현해주는 일을 지속해야 한다.

## 인정하는 표현 배우기

그렇다면 어떻게 인정하고 칭찬해야 할까?

"애 많이 썼어요."

"수고 많았어요."

"답답했겠어요."

"부담스러웠겠네요."

"까다로운 고객을 응대하느라 정말 힘들었겠네요."

"연욱 씨는 정말 인내심이 많은 것 같아요."

"차 대리는 어떻게든 함께 가고자 하는 팀워크가 장점입니다."

"심 과장은 배려심이 있네요."

"이러이러한 부분에서 책임감이 보이네요."

이런 표현들이 대표적인 칭찬, 인정의 표현들이다. 상황에 따라, 사람에 따라 무궁무진한 표현이 가능하다. 이런 마음이 겉으로 표현되었을 때 팀원들은 자기가 괜찮은 사람이라는 것을 인정받게 되고, 제대로 작동할 가능성이 훨씬 커진다.

인정하고 칭찬할 만한 일을 어떻게 찾을 수 있을까? 다음의 세 가지를 잘 생각해보자.

**1. 해당 팀원이 어떤 노력을 했을까?**

**2. 해당 팀원에게 어떤 성품이 있었을까?**

**3. 해당 팀원의 욕구(본마음, 숨은 뜻)는 무엇이었을까?**

이 세 가지를 생각해보고 입 밖으로 표현하면 된다. 인정과 칭찬의 소재를 찾았다면, 다음 과정을 살펴보자. 여기서는 경험을 통해 배운다는 의미로, 사례를 들어 살펴보겠다.

한 팀원이 출근하자마자 다른 팀원들을 위해 커피를 내려놓았다. 이때 어떻게 해야 할까?

"송 대리, 커피 내려놨네요"라고 행동만 말해줄 수도 있다. 그 말만 들어도 인정받았다고 생각하는 팀원도 있을 수 있다. 하지만 약간 아쉬운 표현이다. 여기서 조금 더 나아가면 좋겠다. 칭찬과 인정에서는 '행동만 말하지 않는다'가 금언이다. 그럼 어떻게 해야 할까?

여기서 커피를 내리는 행동을 한 팀원의 마음을 헤아려보자. 아마 팀원들과 좋은 것을 함께 나누고자 하는 따뜻한 마음, 팀원들을 아끼고 챙기는 마음이 있지 않았을까? 그러니 이렇게 표현하면 더 좋다.

"송 대리, 출근하자마자 팀원들을 위해 커피를 내려놓았네요. 팀원들을 배려하는 마음이 느껴져요. 그런 마음은 나도 배워야 할 부분이네요."

사례에 나온 과정을 단계별로 정리해보면 다음과 같다.

**1단계** 그 사람의 행동을 말해준다.

32

**2단계** 그 행동의 숨은 가치, 성품, 강점을 찾아서 말해준다.

**3단계** 그것이 나를 비롯한 팀에 미치는 영향을 말해준다.

"권 대리, 이번 달 목표를 달성했네요. 몸이 안 좋은 날도 며칠 있었던 걸로 알고 있는데, 책임감이 돋보입니다. 권 대리의 노력 덕분에 우리 팀원 모두가 목표를 달성하는 쾌거를 이루었네요."

이렇게 행동을 보고 그 속에 숨은 가치를 알아줘야 한다. 가능하면 그 행동이 끼치는 선한 영향력까지 말해주면 좋다. 이런 훈련을 계속해야 사람을 존중하게 되고 리더십이 향상되며, 더불어 코칭 능력도 향상된다.

"그래서 리더십을 향상하려면 뭘 해야 하나요?"라고 궁금해 하는 팀장들이 있다면 이렇게 말해주고 싶다.

"팀원의 성품, 가치, 미덕을 찾아서 말로 표현해주시면 됩니다."

"주연 씨 용기가 있네" "정 대리는 예의가 바른 게 좋아 보여요" "박 과장은 참 겸손해요"라고 말해주는 것이 팀장의 리더십을 향상시키는 가장 강력한 도구가 된다. 여기에는 중요한 비밀이 하나 더 숨어 있다. 칭찬을 하려면 계속해서 칭찬할 거리를 찾아야 한다. 이런 노력이 지속되면서 어느새 팀원을 보는 팀장의 시각도 변화할 것이다. 긍정적이고 가능성이 있는 존재로 보게 되는 것이다. 이것은 우리가 앞서 이야기했던 코칭의 기본이 되는, 마음이 바뀌는 순간이다.

로버트 로즌솔Robert Rosenthal 박사가 하버드대 심리학과에서 교수로 재직하던 시절에 했던 실험이 이를 잘 설명해준다. '피그말리온 효과Pygmalion effect'라고도 알려진 이 실험은, 초등학교에서 일정 수의 학생을 무작위로 선별해 교사에게 그들이 똑똑하다고 알려주고 8개월 후 해당 학생들의 성적을 비교해보았더니 실제로 성적이 향상되었다는 내용이다. 칭찬과 기대를 받은 사람들은 그 기대만큼 성장한다는 이론으로, 이는 비단 학교에서만이 아니라 조직에서도 훌륭하게 적용된다.

변화라는 것은 '나에게 익숙하지 않은 것을 하는 것'이다. 오른손잡이가 왼손으로 식사하려면 처음에는 많이 힘들다. 음식을 많이 흘리고 식사 속도도 현저하게 느려진다. 그러기를 한 달, 두 달… 여섯 달쯤 지나면 어느새 익숙해지게 된다. 칭찬과 인정도 그렇다. 처음에는 많이 어색하고 힘들 것이다. 어떤 걸 칭찬해야 할지 찾기도 힘들다. 하지만 단언하건대, 가장 효과적이고 강력한 영향을 미치는 도구다. 그러니 익숙해질 때까지 계속하자. 반복적으로 하자. 습관화하자.

익숙해지면 익숙해진 만큼 인간관계가 편해진다.

# 4.
# 팀원 스스로 꿈을 구체화하기

코칭을 처음 배우게 되면 기억에 가장 많이 남는 것은 '질문'이다. 적어도 나는 그랬다. 목표를 설정하는 질문 후에 현실을 파악하게 하는 질문을 해야 하고 그것이 끝나면 대안을 찾는 이러저러한 질문을 하고, 마지막으로 실행 의지를 확고히 하는 질문을 해야 한다.

보통 코칭 기본 입문 교육은 이삼일에 걸쳐 이론 교육과 실습 시간으로 이루어진다. 이렇게 코치협회의 초급코치 자격 응시 요건인 20시간 공부를 마치면 무엇보다 질문이 정말 중요하며, 질문 형식으로 대화를 이끌어나갈 필요가 있음을 배우게 된다. 그러다가 코칭을 배울수록, 실제로 현장에서 하면 할수록, '경청만 해도 되는 때가 있구나' '질문 이전에 경청이 꼭 선행되어야 하는구나'

하며 경청이 가장 중요하다는 걸 깨닫게 된다. 그런데 어느 순간에는 또 칭찬과 인정이 더 중요한 것 같은 생각이 들 때도 있다.

어느 것 하나 빠짐없이 다 중요하다. 때에 따라, 상황에 따라, 경청을 썼다가 칭찬을 쓰기도 했다가 인정을 썼다가, 피드백도 쓴다. 이런 모든 기술을 활용할 때 빠질 수 없는 게 바로 질문이다.

굳이 신체에 비유하자면, 경청, 칭찬, 인정, 피드백이 살이라면 질문은 뼈대랄까. '살을 주고, 뼈를 취한다<sup>괄육취골, 刮肉取骨</sup>'는 말이 있듯 살은 좀 내어줄 수 있어도, 뼈는 포기할 수 없는 것, 그런 의미에서 본다면 질문이 가장 중요하다는 느낌도 든다.


## 질문은 상대방의 생각을 정리하게 돕는다


코치들에게 코칭을 가르치다 보면 각각 역할을 분담해서 실습할 때가 있다. 코치 역할을 맡는 사람도 있고 고객 역할 맡는 사람도 있는데, 이때 나는 코치를 맡은 사람을 안심시킬 때 다음과 같은 말을 한다.

"코치 역할을 맡으신 분들, 코칭을 잘할 수 있을까 걱정되시요? 걱정 마세요. 저는 여러분들이 코칭을 잘할 것으로 확신합니다. 자, 제가 두 가지 질문을 여쭤볼게요. 질문 하나, 여러분은 주로 말을 할 것 같은가요? 상대방의 말을 들을 것 같은가요? 질문 둘,

여러분은 자신의 말을 많이 할 거 같아요? 질문을 많이 할 것 같아요?"

하루 정도 받은 코칭 교육이 전부인 교육생들도 바로 상대방의 말을 많이 듣고, 질문을 많이 하는 게 당연하다는 대답들을 한다. 그렇다. 내가 한 수 가르쳐주려는 마음을 접고 경청하고 질문하는 것으로 대화를 한다면 이미 훌륭한 코칭이다.

코칭 대화에서 주인공은 코치가 아니라 코칭을 받는 사람이다. 내 생각이 중요한 게 아니라 그의 생각이 중요하다. 그의 생각이 중요한데 내 말을 할 것인가, 그의 말을 들을 것인가? 그의 말이 중요한데 내가 말할 것인가, 그의 의견을 청할 것인가? 물론 그는 아직 해답을 모를 수도 있고, 미처 생각해보지 않았을 수도 있다. 그렇다고 한 수 가르치듯 내가 말하고 내가 알려주기 시작하면 그것은 코칭이 아니다. 그의 말에 최대한 귀를 기울여줄 때 그는 마음 놓고 자신의 생각에 몰입하기 시작하고 생각을 정리할 수 있다. 이때 코치의 진심 어린 질문이 그를 한 발짝 더 나아가게 하는 것은 물론이다.

## 내가 궁금한 게 아니라
## 상대방이 궁금한 걸 물어라

그러면 어떻게 질문해야 할까?

질문에 가장 중요한 핵심과 노하우는 단 하나다. 내가 궁금한 것을 묻지 말고, 상대방이 궁금한 것을 물어라. 즉, 상대방이 스스로 탐색할 걸 묻는 것이다.

예를 들어 상대방이 멋있는 재킷을 입고 나타났다고 하자. 이때 어떤 질문을 던지는가? "어디서 샀어요?" "얼마예요?" "누가 사준 거예요?" "선물 받은 거예요?" 보통 이런 질문들을 한다. 이런 질문들은 질문하는 사람은 답을 모르지만, 질문을 받는 사람은 그 답을 알고 있는 질문이다. 즉, 이런 질문들은 정보를 얻는 질문이다. 그동안 팀장을 포함한 리더들이 바로 이런 질문을 던져왔다. 정보를 얻어서 진단하고 처방을 내듯 업무를 지시하는 걸 당연시해왔다.

그런데 똑같은 상황에서 다른 질문을 던져보자. "오늘 아침 그 재킷 입으니까 어땠어요?" "그 옷 입으니까 기분이 어때요?" 이런 질문을 들으면 어떤 대답이 나올까? "이 옷이 가벼운 데다 파란색이라서 밝게 보일 것 같아서 입으면 기분이 좋더라고요." "한 1년 만에 꺼내 입었는데, 바지랑 색도 잘 어울리는 것 같고, 오늘 하루 일이 잘될 것 같은 기분까지 들어요."

질문이 달라지니 머릿속에서 스쳐 지나가기만 했지 떠오르지 않았을 이야기가 나올 것이다. 좋은 질문이란 '실제로는 많은 생각이 지나가는데 떠오르지 않았던 그 생각들을 본인이 스스로 탐색해보게 만드는 것'이다.

또 하나 덤으로 좋은 점은 "그 옷 입으니까 기분이 어때요?"라는 질문 하나 던졌을 뿐인데 상대방으로 하여금 '신경 써서 입었는데 알아주네' 하는 존중받은 기분이 들게 한다는 것이다. 다시 한번 말하지만, 질문이란 존중하는 표현의 하나다.

그러면 어떻게 해야 좋은 질문을 할 수 있을까? 답은 호기심에 있다. 내가 상대방의 정보를 알아내서 해결해주려는 것이 아니라, 그저 궁금해서 나오는 질문이다. 이런 호기심 자체가 관심의 표현이다. 우리 모두는 사회적 존재이기 때문에 자연스럽게 관심을 원한다. 다만 불특정 다수의 많은 사람들에게서 관심을 받고 싶은지, 특정 사람에게서만 관심을 받고 싶은지, 깊은 관심인지, 얕은 관심인지 하는 문제일 뿐이다. 호기심으로 다가갈 때, 사람들은 '내가 관심받고 있고, 존중받고 있구나'라는 느낌을 갖게 된다. 코칭 질문은 그런 차원에서 더더욱 의미가 있다.

다시 정리해보자. 코치가 궁금한 게 아니라 코칭을 받는 사람이 스스로 궁금해할 수 있는 것을 물어봐야 한다. 팀장이 궁금한 게 아니라 팀원이 궁금해할 것을 질문하라. 이 질문이 말처럼 쉽지 않다. 미래에 대해 고민하고 있는 사람이 있다고 하자. 그 고민이 두세 가지의 옵션 중에 어떤 걸 선택할까의 고민이라면, 코칭에서 팀장이 어떤 질문을 해야 그 팀원에게 효과적일까?

"5년 후에 어떤 모습이고 싶어요?"

미래를 고민하고 있다는 것이 어떤 의미일지 먼저 알아야 한다. 현재에서 벗어나고 싶다는 이야기인가, 가보지 않은 길에 미련이 남아 있다는 뜻일까? 아니면 현재의 일은 충분히 했으니 그만두고 새로운 걸 해보고 싶다는 뜻일까? 이런 마음을 품은 팀원에게 "잘 다니는 직장을 왜 그만둬?"라고 하거나 "여긴 전쟁이지만 거긴 지옥이다" "조금만 참아봐, 좋은 날이 올 거야"라고 충고하거나 해결책을 제시하는 것이 옳은 일일까? 코치가 상대방의 인생을 책임져줄 사람은 아니다.

우리가 코치로서 해야 할 일은 그 사람이 미처 생각지 못한 것을 들여다보게 해주고 올바른 방향을 선택할 수 있는 힘을 주는 것이다. 코칭을 하면 할수록 코치가 답을 주거나 방향을 제시하는 게 얼마나 영양가 없는 일인지 깨닫게 된다. 코칭을 받는 그 순간에는 분명히 잘 배웠다고 고맙다고 몇 번이나 말했는데도 실천으로 이어지는 경우가 드물다. 조그만 것이라도 본인이 발견한 것이라면 내버려둬도 소중하게 잘 지킨다. 미래를 고민하는 사람들에게 덥석 충고하는 것은 하수 중에 하수다. 그가 원하는 모습을 볼 수 있게 질문하라.


## 유도 질문 대신
## 열린 질문을 하라


"코칭을 받으면 진짜 변하나요?"

회사나 조직의 인사나 교육 관련 담당자들이 코칭에 대해 흔히 하는 질문이다. 여기에 답을 하자면, 하고 싶은 마음이 커지면 움직일 가능성도 높아진다는 것이다. 감정이란 엔진과도 같다. 감정이 커지면 어떤 시동이 걸린다. 즉, 변화하고 싶은 마음에 불을 켜는 것이다. 코칭이 아니라 직설적으로 "영철 씨는 이렇게 변했으면 좋겠어요"라고 이야기해도 변화로 이어지는 경우는 거의 없다. 변화한다고 해도 단기적이다. 이런 대화만으로 변화했다면 훌륭한 코칭을 한 게 아니고, 훌륭한 인재를 만난 것이다. 보통 사람이라면 자신 안에 무엇이 있는지 보게 하고, 어떤 생각이었는지 정리하게 하고, 자신의 가치가 무엇인지 깨닫게 해야 변화의 엔진에 시동이 걸린다. 그 실마리는 질문이다. 질문을 통해 자기 안에서 스스로 꺼낸 것들이 그 사람을 변화로 이끌 가능성이 크다.

이처럼 코칭에서 질문은 중요한데, 문제는 팀장들이 코칭을 배울 때 유도 질문을 배워 간다는 것이다. 코칭을 한 수 가르쳐주는 것으로 알고 있는 수준에서는 어쩌면 당연한 일이다. 한 수를 잘 가르쳐주는 데 초점이 맞춰지면 코치가 하는 질문은 거의 모두 유도 질문이다. 아무리 우아하게 질문해도 유도 질문인지 아닌지는 세 살짜리 아이들도 다 알아차린다.

"잘했어? 잘못했어?"

"이건 효과가 단기적으로만 나타나지 않을까요?"

이러면 '답정너(답은 정해져 있으니 너는 대답만 하면 돼)'가 된다. 유도 질문은 상대방의 대답을 무시하는 질문이다. 그러면 질문의 본질에서 벗어나는 것이 된다. 유도 질문은 지양하고, 스스로 탐색할 수 있게 돕는 질문을 지향해야 한다.

질문은 서로 주고받는 게 익숙해질 때까지는 하는 사람도, 받는 사람도 헤매게 마련이다. 이때 주의해야 할 점이 있다. 질문해서 나온 대답은 '무조건 존중해줘야 한다'는 점이다.

코치도 사람인지라 질문을 할 때 예상되는 답이 내 머릿속에 있는 경우가 자주 있다. 예상 밖의 답이 나오는 순간 당황하고 난감해지기 십상이다. 그렇더라도 내 생각을 이야기하기보다는 상대방의 생각을 들어보는 쪽으로 계속 진행하면서 좋은 질문을 할 수 있는 순간까지 이끌어야 한다.

팀원이 스스로 생각해내지 않는 것은 변화로 이어지기 어렵다는 걸 여러 차례 경험하고 나면 코칭 패러다임에 전환이 온다. 이제 좀 더 세련된 코치가 된다. 그때는 지시하기보다는 자연스럽게 "영철 씨는 어떻게 하고 싶은데요?" "왜 그걸 하고 싶죠?"라는 질문을 하게 될 것이다.

유도 질문에서 벗어났다면 다음 단계로는 닫힌 질문에서 벗어나야 한다. 닫힌 질문은 '예' '아니오'로 답할 수 있는 질문이다. 보통은 코치가 궁금한 걸 질문할 때, 또는 분명한 자기 생각이 있을 때 닫힌 질문을 하게 된다. 유도 질문도 거의 닫힌 질문이다. 우리가 궁극적으로 지향해야 하는 것은 열린 질문이다.

"어떻게 하고 싶은가?" "왜 하고 싶은가?" "무엇을 하고 싶은가?" 이 같은 질문을 코칭에서는 열린 질문이라고 한다. 이 질문은 상대방으로 하여금 자유롭게 이야기할 수 있도록 촉진한다. 이런 질문이 더 많은 생각과 행동의 변화를 불러온다.

## 질문에는 순서가 있다

질문에도 여러 종류가 있고 그중에서 좋은 질문이 많지만, 코칭에서 가장 중요한 질문을 단 하나만 꼽으라면 이것이 있다.

"당신이 진짜 원하는 것은 무엇인가?"

코칭 질문 중에 하나만 해야 한다고 하면, 주저 없이, 망설이지 않고 이 질문을 해야 한다. 그다음에 거기에 연결되는 질문들의 가지를 뻗어 가면 된다.

"그게 이뤄지면 어떤 느낌일 것 같은가?"

"그다음에 어떤 것이 이루어질 것 같은가?"

"그 일이 당신에게 어떤 의미인가?"

"당신의 가치와 그 일은 어떻게 연결되는가?"

이런 질문들을 통해 진짜 원하는 것에 대한 내용이 정리되면 다음은 대안을 탐색하는 질문으로 옮겨가야 한다.

"그렇게 하려면 어떤 것을 해야 하는가?"

"그동안 시도해보지 않은 새로운 일을 해야 한다면 어떤 것이 있을까?"

"그 외에 또 다른 것이 있다면 그것은 무엇일까?"

그 뒤에는 실행 의지를 묻는 질문들로 다시 이어갈 수 있다. 이 질문들이 세계의 모든 코치들이 보편적으로 알고 있는 GROW 모델의 질문들이다. 즉 목표 설정goal, 현실 파악reality, 대안 탐색option, 실행 의지will 의 첫 글자를 모으면 '성장'이라는 뜻의

GROW 모델이 된다. 우리가 대안을 찾지 못하는 이유는 목표와 현실이 불분명해서다. 무엇을 원하는지, 지금이 어떤 상태인지 모르는데 어떻게 대안을 찾고 해결책을 찾을 것인가?

루이스 캐럴Lewis Carroll의 동화 《이상한 나라의 앨리스Alice's Adventures in Wonderland》에서 이상한 나라에서 빠져나가는 길을 찾던 중 갈림길을 만난 앨리스가 꾀 많은 고양이 체셔에게 길을 묻는 장면이 나온다.

"어느 길로 가야 하는지 가르쳐줄래요?"
"어디를 가고 싶은데?"
"어디든 별로 상관없는데…."
"그러면 어느 길로 가든 상관없겠네."

어디로 가고 싶은지 모른다면, 어디도 갈 수 없다.

원하는 것이 무엇인지 알도록 스스로 생각하게 한 후에야 비로소 자신을 들여다보는 현 상태의 파악이 가능해진다. 그 뒤에야 '내가 무엇을 해야 할까?'라는 탐색이 시작된다. 이런 질문 프로세스를 지키자. 급하다고 바늘허리에 실을 묶어서 쓸 수는 없다.

# 5.
# 팀원 간의 문제,
# 내버려두지 마라

팀장으로서 팀원 한 명의 문제를 코칭하는 일도 만만치 않다. 그런데 두 명, 세 명이 한꺼번에 문제를 일으킨다면 어떨까? 리더에게 어려운 문제 중 하나가 바로 '팀원 간의 갈등'이다.

팀원들이 협업해서 일해도 부족할 판에 서로 말도 안 하고 밥도 같이 먹으려 하지 않고 제3의 팀원을 통해 의견을 전달하는 일이 생긴다. 그러면 일의 진행은 더뎌지고 팀의 분위기는 싸늘해진다. 예전에 팀장들은 이럴 때 '한잔하자'며 술자리로 분위기를 풀어보려 했다. 그래서 풀릴 거면 진작에 풀렸을 것이다(실제로 그렇게 풀리는 경우도 있으니 그런 도전은 환영이다. 뭐라도 해보는 게 아무것도 안 하고 있는 것보다 백배 낫다).

"이 대리도 열정적이어서 그런 거니 좀 이해해주면 안 되겠어요?"라는 식으로 충고하는 건 어떨까? 마음이 상해 있는 상태에서 "네가 좀 이해해라"는 말은 '네가 이해를 덜 했다'는 핀잔의 말로 들리지 않을까? 그러지 않아도 열 받아 있는데 핀잔까지 듣고 마음이 움직이기를 기대할 수 없다. 이럴 때는 가벼운 충고 한마디로 해결하려 하지 말고 코칭 대화를 해야 한다.

# 팀원 간 문제로
# 팀이 싸늘해진다

‟

**윤 과장**    팀장님, 저 이 대리 때문에 너무 힘들어요.

**김 팀장**    음… 이 대리 때문에 힘들군요.

**윤 과장**    이 대리가 너무 이기적이에요.

**김 팀장**    같이 일하는 사람이 이기적이라 생각되면 정말 답답하겠어요.

**윤 과장**    다른 팀으로 보내고 싶어요.

**김 팀장**    그 정도로 힘들다는 이야기죠?

**윤 과장**    네, 어제는 다들 바빠 죽겠는데 혼자 일 있다고 퇴근해버리는 거예요. 그런데 불러서 혼내자니 좀 그렇고, 또 아무 말 안 하자니 속 터지고… 어떻게 하죠?

| 김 팀장 | 그러게요. 퇴근하는 사람에게 퇴근 시간 이야기를 함부로 할 수 없죠. |
|---|---|
| 윤 과장 | 네, 맞아요. 주 52시간 근로가 법이라면서 아예 대놓고 이야기를 한다니까요. |
| 김 팀장 | 윤 과장님처럼 책임감 있는 사람이 볼 때, 무책임하게 보일 것 같다는 생각이 들기도 하고, 고민이 클 것 같아요. |
| 윤 과장 | 팀장님은 어떻게 생각하세요? 이 대리 괜찮으세요? 저만 이런 건가요? |
| 김 팀장 | 글쎄… 나도 윤 과장님처럼 이 대리가 어떤 면에서 이기적일 때가 있다고 생각은 하고 있지만, 직접 같이 일하는 윤 과장님만큼은 알 수는 없지요. |
| 윤 과장 | 같이 실무를 하기에는, 뭐랄까… 팀이니까 같은 목표를 향해 서로 돕는 마음이 있으면 좋은데…. |
| 김 팀장 | 그렇죠. |
| 윤 과장 | 저뿐 아니라, 다른 팀원들도 저에게 그런 불만을 토로 하고 있습니다. |
| 김 팀장 | 이 대리 때문에 힘든 게 한두 사람이 아니면 더 심각하겠어요. 하여튼 우리 팀 성과의 큰 부분을 책임지고 있고, 그래서 팀워크를 잘 만들고 싶은 윤 과장님이니까, 그런 행동을 그냥 예사롭게 넘길 수 없어서 걱정되기도 하고 힘들기도 하고 그런 거죠? |
| 윤 과장 | 한두 번도 아니고 계속 반복되니까 힘든 것도 힘든 거지 |

만, 이 대리가 이대로 계속 가도 괜찮을까 걱정이에요. 팀장님 말씀대로 걱정스러운 마음이 더 큰 것 같아요.

**김 팀장** 걱정이 크다고 하니까 이 대리를 위하는 마음으로 느껴져요. 힘든 게 커지기보다는 걱정되는 게 커지는 건 '이대리가 이렇게 살면 안 되는데' 하는 마음이 드는 것일 텐데 그 느낌이 내게도 전해져오네요.

**윤 과장** 전에는 이 대리도 이러지 않았거든요.

**김 팀장** 그래요.

**윤 과장** 네, 전에는 팀에 도움이 되고 저를 도와주기도 하고 그랬어요. 근데 어느 순간부터 삐딱선을 타더니 이렇게 되어가지고 '내가 뭘 잘못했나?' 이런 생각이 들기도 하고 '내가 잘 끌어줘야 하는데 못하고 있는 거 아닌가?' 하는 반성도 했었어요.

**김 팀장** 반성까지… 정말 고민을 많이 했네요. 윤 과장님은 이 대리에게 어떤 상사였으면 좋겠어요?

**윤 과장** 음… 뭔가 이유가 있어서 이기적인 행동을 보이는 게 아닐까 싶고, 사실 이기적인 것도 제가 평가하는 거지 어쩌면 이 대리 나름대로는 최선을 다한 것일 수도 있잖아요. 그러니 그런 것들에 대해서 들어보고 가능한 부분은 이해해주고 들어주면 좋을 것 같습니다. 사실 이 대리가 약간 팀에서 겉돌아서요, 잘 적응하도록 도와주고 싶네요.

**김 팀장** 내가 과장님을 믿고 지지하는 이유가 바로 이거예요. 이런

|  |  |
|---|---|
|  | 상황에도 자기 책임을 먼저 생각하고, 상대방을 어떻게 도울 것인가 상대방 입장에서 고민하잖아요. |
| 윤 과장 | 사실 좀 안타깝기도 하고 그래요. |
| 김 팀장 | 그게 윤 과장님다운 생각인 것 같아요. 이 대리를 탓하고 나무라는 느낌보다 어떻게 해야 잘 적응할 수 있게 도울 수 있을까 생각하는 마음이네요. 예전에는 협조적이었다면, 어떤 것 때문에 지금처럼 바뀌었는지 궁금할 것 같기도 하고, 도와주고 싶기도 하겠죠. |
| 윤 과장 | 그래서 시간 내서 허심탄회하게 이야기 좀 해보면 어떨까 하는 생각도 했었어요. 그동안은 미워서 좀처럼 시도할 엄두가 안 났는데 팀장님과 이렇게 이야기 나누다 보니까 옛날의 좋은 점들이 떠오르기도 하는 것이, 한 번은 들어봐야겠다는 생각이 듭니다. |
| 김 팀장 | 그래요. 윤 과장님이 어려움을 토로하는 것에서 시작했지만, 본인도 이미 생각을 많이 했을 것 같고, 벌써 '어떻게 한번 해봐야겠다'는 마음도 굳혀진 것 같아요. |
| 윤 과장 | 네, 맞습니다. |
| 김 팀장 | 내가 팁을 하나 줘도 될까요? |
| 윤 과장 | 네. |
| 김 팀장 | 이 대리와 이야기하게 되면 '왜 그럴까?' 하고 원인을 찾는 접근법이 있고, '어떤 일이 일어났을까?' 하고 호기심으로 접근하는 방법도 있는데, 두 개가 좀 달라요. 그중에서 호 |

기심으로 접근하는 게 좋은데, 그 출발점이 이 대리에 대해서 인정하는 말을 해주고 '난 이렇게 느끼는데 이 대리의 마음이 궁금하다'고 풀어가면 좋을 것 같아요.

**윤 과장**   네, 팀장님. 잘 알겠습니다. 감사합니다.

— 99 —

김 팀장과 윤 과장이 나누는 대화를 보면서 코칭의 기본 기술들을 한눈에 알아본 독자들도 있을 것이다. 상대방의 말에 호응하는 추임새를 계속 넣어주는 것, '책임감 있는' 등의 단어를 사용해 인정해주는 것, '이기적이라 생각되면 정말 답답하겠어요'라며 감정 들어주는 것, '성과와 팀워크를 생각하는'이라고 상대방의 욕구를 들어주는 것 등이 있다.

어떤 상사이고 싶은지 묻는 열린 질문과, 조언을 해줄 때 허락을 구하는 것도 다시 한번 머릿속에 넣고 가자.

이런 모든 것이 경청을 통해 가장 적절할 때에 곳곳에 배치되어야 한다. 팀장이 처음인 독자들에게 이런 코칭이 자연스럽게 되기까지는 시간이 걸린다. 처음부터 김 팀장처럼 자연스럽게 되지 않는다고 초조해하지 말고 계속 꾸준히 훈련하자.

## 감정에 숨은
## 속마음을 찾아라

한편 이 대화에서 꼭 배워야 할 새로운 기술이 있다.

"한두 번도 아니고 계속 반복되니까 힘든 것도 힘든 거지만, 이 대리가 이렇게 계속 가도 괜찮을까 하고 걱정도 됩니다."

"걱정이 크다고 하니까 이 대리를 위하는 마음으로 느껴져요."

이 부분이다.

모든 감정은 드러나 있든 숨겨져 있든 속마음과 연결되어 있다. 그 속마음을 읽어주는 것이 리더가 배워야 할 기술의 하나다. 감정과 생각이 서로 불가분의 관계이기 때문이다. 코치가 상대방의 감정을 읽어주면 상대방은 그제야 그 감정이 비롯된 생각을 알아차리기도 한다. 미처 몰랐던 생각이나 감정을 알게 되면서 숨겨져서 잘 보이지 않았던 자신의 마음을 알게 되는 경우도 흔하다. 따라서 상황에 따라 상대방의 감정에 숨겨진 속마음을 알아주는 것은 매우 중요한 포인트다. 이를 통해 상대방은 자신을 더 잘 이해하게 되고, 속에 깔려 있는 긍정적인 의도를 파악할 수 있게 된다. 이것이 코칭에서의 공감이다. 이 대리를 위하고 걱정해주는 윤 과장의 속마음을 꺼내준 김 팀장은 '높은 수준의 공감'을 한 것이다.

상대방의 드러난 감정을 알아주는 수준의 공감은 비교적 쉽게 할 수 있다. 김 팀장의 "같이 일하는 사람이 이기적이라 생각되면 정말 답답하겠어요"라는 말처럼 말이다. 하지만 이런 부정적인 감정에 공감만 하는 것으로는 코칭이 되지 않는다. 상대방으로 하여금 자신이 긍정적이고 선한 의도를 가지고 있다는 걸 인식하게 돕는 것까지 가보자. 이보다 더 큰 동기부여는 없다. 이때 상대방은 상황을 변화시키고 싶다는 열망을 갖게 된다. 이게 바로 최고 수준의 공감이다.

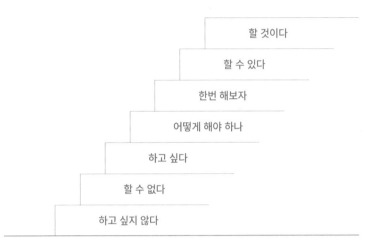

**당신은 오늘 어느 계단에 도달해 있는가?**

성공의 계단stairs to success 이라는 것이 있다. 사람들이 성공으로 가는 단계를 의미하는 것으로 7단계로 나뉜다. 우리는 어디쯤에 있을까? 내가 코칭을 하는 그 대상은 지금 어디에 있는가? 그가 어느 위치에 있는지 깨닫게 하고, 한 계단 한 계단 오르게 하는 것. 그것이 코칭이다. 어쨌든 계단 오르기는 힘들다. 코칭도 그렇다.

# PART 2.
# 초보 팀장에게 필요한
# 핵심 기술

# 6.
# 평가 시즌을
# 현명하게 대처하는 법

팀장들의 업무 중 가장 어려운 일이 무엇일까? 회사마다, 상황에 따라 어려운 일은 이것저것 많이 있겠지만, 그중에서도 팀장들이 똑같이 어려워하는 일이 있다. 바로 평가다.

'A는 점수를 주지 않는 게 맞는데, 기분 나빠하겠지?'

'B는 승진이 걸려 있지만 확실히 일에서는 C가 성과가 좋았는데 어떡하지?'

고민한 끝에 평가점수를 알려줬더니, 불만이 이만저만 아니다. 그렇다고 "결과가 이러니 그냥 받아들여"라고 할 수도 없는 일이다. 높은 평가를 받은 팀원과의 면담은 그래도 훈훈하게 끝낼 수 있지만, 낮은 평가를 주고 싶은데 높은 평가를 기대하는 팀원을 어찌할까?

# 누군가는 낮은 점수를
# 받을 수밖에 없다

—— 66 ——

| | |
|---|---|
| **이 대리** | 팀장님, 평가 때문에 드릴 말씀이 있습니다. |
| **최 팀장** | 네, 무슨 일인가요? |
| **이 대리** | 이번에 저 A 받을 수 있겠죠? |
| **최 팀장** | 음… 이 대리는 그렇게 생각하고 있군요. |
| **이 대리** | 팀장님도 아시다시피 작년, 재작년 승진자들을 위해 평가 점수를 양보했으니까 이번엔 제 차례라고 생각합니다. 그러니까 A 받아야 한다고 생각합니다. |
| **최 팀장** | 그동안 양보한 걸로 생각하고 있었다면 이번엔 본인 차례라는 생각이 들겠네요. |
| **이 대리** | 또 이번에 승진차수이기도 하니까요. |
| **최 팀장** | 그래요. 작년, 재작년에도 좀 낮게 받았으니까 이번엔 승진할 수 있게 잘 받고 싶다는 말이지요? |
| **이 대리** | 네, 작년과 재작년에 다른 팀원들 승진시키느라고 제가 B, C 번갈아 가면서 받았으니까요. |
| **최 팀장** | 본인이 A라고 생각하는 근거가 있을 것 같아요. 어떤 걸 잘했는지, 본인이 왜 A라고 생각하는지, 그게 궁금하네요. |
| **이 대리** | 3월에 회사에 큰 프로젝트가 있었는데 거기서 문제가 발 |

생했을 때 제가 나서서 해결했고, 6월에 팀이 부진한 성적으로 목표 달성이 어려울 때 제가 성과를 올렸던 건도 있고요. 9월에 회사 행사에서는 잘했다고 전무님께서도 칭찬해주셨습니다.

**최 팀장**  맞다, 그랬죠.

**이 대리**  또 아시다시피 야근도 많이 하고 주말 출근도 불사하고, 나름대로 고생도 많이 했다고 생각합니다. 그래서 A를 받고 싶다는 마음이 들었고요.

**최 팀장**  그러네요, 그래서 그게 마땅하다고 생각하는 것 같아요. 3, 6, 9월에 이 대리가 수고 많이 하고, 잘했다는 데는 나도 동의가 돼요. 한편 본인이 생각하기에 마이너스 요인이 있었으면 어떤 게 있었을까요?

$$''$$

상대방의 잘한 점을 들은 뒤에 상대방의 부족했던 점을 생각해보게 하는 것으로 팀장의 어려운 성과 면담을 마쳐도 될 것 같다. 결국 평가가 A인가 B인가 C인가 하는 것은 의견이다. 팩트가 아니다. 팀장은 "내 의견은 C입니다"인데 팀원은 "제 의견은 A인데요"라고 하는 의견 차이다. 팩트(업무의 성과 및 부족한 점)는 서로 동의가 되어야 하지만, 그걸 평가한 의견은 얼마든지 다를 수 있다. 이 대리는 3, 6, 9월만 보면 좋겠지만, 나는 4, 5월에 이 대리가 한 일을 알고 있다.

그러니 평가 면담이란 '잘한 부분에 대해서는 동의하되, 핵심성과지표key performance indicator, KPI인 1년 내내 해야 할 것들을 기준으로 했을 때 턱없이 부족한 것을 알아야 한다'라든가 '프로젝트 잘한 것은 인정하지만, 1년 동안 해야 할 목표 달성에 관해서는 의견이 달라서 높은 평가를 주기가 어렵다'라는 식으로 의견을 나누는 장이 되어야 한다. 마땅한 근거를 가지고 서로가 납득할 수 있는 시간이 되어야 한다는 말이다.


## 평가 면담은
## 최대한 간결하게 하라


물론 대화가 앞의 사례에서처럼 의도한 대로 마무리되면 좋겠지만, 평가를 못 받은 팀원들은 끈질긴 경우가 종종 있다. 대화가 길어지다 보면 당황스러운 질문도 많이 받게 된다.

"그럼 누구를 A 주실 거예요?"

이럴 때는 어떻게 대처해야 할까? 보통 고과의 결과는 비공개가 관행인 것 같은데, 그런 원칙이 없다면 공개해도 상관은 없지 않을까? 밀실평가가 아닌 투명한 평가가 오히려 팀원들의 직무 몰입도를 높일 수 있다. 부드럽게 공개하려면 "나는 이러한 부분에서 그를 높게 봤어"라고 덧붙여 설명해주면 된다. 결국 고과를 할 때 가장 기본은 '팩트를 얼마나 많이 가지고 있느냐?'다. 그것도 구체적인, 서로 동의할 수 있는 팩트여야 한다.

"다윤 님은 ○에서 성과를 냈지만, ○는 다소 부족했다고 판단됩니다."

"네, 맞습니다. 그래도 B는 받아야 한다고 생각합니다."

"다윤 님은 B라고 생각하는군요. 저는 이런 경우에 C라고 봅니다."

평가를 내리는 건 내 권한이므로 주는 대로 받으라고 선언하라는 게 아니다. 어느 팀원이나 1년 내내 잘할 수는 없고 각자 잘한 일과 못한 일은 있지만, 다만 평가의 기준이 어디에 있고 비중이 다르기 때문에 특정 업무를 잘 해낸 사람에게 성과를 더 높이 줄 수 있다는 설명이 필요하다.

"나는 김 대리의 이러이러한 부분을 높게 봤고 그는 상반기 프로젝트에서는 조금 제 역할을 하지 못했지만, 프로젝트 외에 전체 우리 팀이 해야 할 목표를 끌어올리는 데 중요한 역할을 했습니다. 그래서 난 김 대리가 A를 받아야 한다고 생각합니다."

팀원(다윤)은 특정 프로젝트를 잘한 게 A라고 생각하고, 나는 전체 목표를 달성해준 것을 A라고 생각하는 의견의 차이다.

팀장들은 성과 평가를 할 때 자꾸 설득하려고 한다. 그러다 보니 설득이 안 되는데도 동의하라고 윽박지르는 상황에 이른다. 이건 불필요한 과정이다. 평가를 받는 입장에서는 좋지 않은 평가가 나온 걸 납득하고 받아들이는 데 시간이 걸린다. 그 자리에서 설득하고 동의를 받으려 하지 말자. 최대한 간결하게 끝내는 게 최선이다. 이렇게 하면 된다.

1. 이런 팩트(이룬 것과 이루지 못한 것)에 동의하는가?
2. 이런 경우 다윤 님은 A라고 생각했지만, 나는 C라고 본다.
3. A라고 생각했는데 C를 받으니 당황스럽고 속도 상할 것 같다.
4. 내년에는 이런 기준들을 잘 알고 노력해서 좋은 평가를 받을 수 있으면 좋겠다.

그럼에도 불구하고 뒷맛이 개운하지 않다. 그래서 연초에 목표 세울 때 팀원들과 논의하고 평가에 대한 기준도 합의하는 것이 가장 중요하다. 또한 중간중간 평가에 대한 피드백을 계속 줘야 한다.

연말 평가 면담 현장에서 이런 말도 더러 나온다. "아니, C를 주실 거면 중간에 왜 아무 말씀도 안 하시고, 내버려두신 거예요?" 평가를 낮게 줄 만큼 1년 내내 일을 못했는데 그동안 아무 말 없이 방치한 것이다. 연초에 목표를 설정하고 나서, 중간에 아무 피드백이 없으면 안 된다. 1년 동안 아무런 관심도 받지 못하다가, 연말에 평가받으면 다들 깊은 고민을 하게 될 것이다.

연말 평가의 99%는 중간중간에 이루어지는 상시 피드백에 달려 있다고 해도 과언이 아니다. 성과 평가야말로 '처방하지 말고, 예방하라'가 꼭 필요한 리더십 이슈가 아닐까?

"다윤 님이 이렇게 하면 나는 연말에 C를 줄 수밖에 없으니 이런 부분은 개선해야 한다"고 말이다. 중간중간의 모니터링 면담은 사실 연초에 합의하는 것보다 더 중요할 수 있다. 매일매일 주어지는 업무에 치이다 보면 큰 목표를 보지 못하는 경우가 생기기 때문이다.

## 누군가는 A를 받는다: 공정함의 이슈

"예? 제가 C라고요? 그럼 A는 누구예요?"

많은 팀원들이 본인의 평가점수 자체보다 더 신경 쓰는 것 중 하나가 바로 다른 팀원의 평가점수다. 앞에 기술한 것처럼 모든 일을 1년 내내 잘 해내는 사람은 드물기 때문에 어떤 일에서는 성과를 내지만 다른 일에서는 그렇지 못할 수 있다. 그런데 함께 일했을 때 그다지 잘한다는 인상을 못 받거나 오히려 문제를 만들고 일을 더디게 했던 팀원이 자기보다 더 좋은 평가를 받게 되었다는 사실을 알게 되면 평가를 더더욱 납득할 수 없게 된다.

"이 대리가 A라고요? 공정하지 않아요."

평가는 '공정성'의 싸움이다. '평가가 얼마나 공정한가?'가 팀원들의 최대 관심사다. 내가 B나 C를 받더라도 공정하기만 하면 충격이 가신 다음에는 납득한다. 하지만 공정하지 않다고 생각하면 시간이 지나도 납득하기는커녕 불만이 심해질 것이다.

공정성에 관한 실험을 살펴보자. 네덜란드 레이던 대학교 Leiden University의 키스 반 덴 보스Kees van den Bos 교수와 동료들은 164명의 참가자들을 대상으로 회사 입사의 합격, 불합격이라는 상황을 가정했다.

실험 참가자들 모두 지능테스트, 인성테스트, 수학, 언어구사력 등의 시험을 보게 하고 일주일 후에 불합격을 통보했다. 그런데 불합격 통보를 받고 나서 입사시험 결과를 받은 상황의 참가자들은 입사 절차의 공정성에 평균 3.6점을 줬지만, 입사시험 결과를 먼저 받고 불합격 통보를 받은 사람은 입사 절차의 공정성에 평균 5.2점을 주었다. 순서만 바꿨을 뿐인데 평가의 공정성 점수가 다르게 나온 것이다.

이는 어떤 통찰을 주는가? 중간중간, 분기별, 월별로 끊임없이 모니터링 면담을 해야 연말의 평가에 공정성을 높일 수 있다는 것이다. 연초에 계획 세우고 나서 아무것도 안 하다가, 연말에 "다윤 님은 C입니다"라고 통보하면 배신감만 생길 뿐이다.

그렇게 되면 마음이 떠나 다른 회사 자리를 찾아보거나 다른 팀으로 보내달라는 요청이 올라온다. 물론 팀장은 억울하다. 공정하게 평가하려고 몇 날 며칠 고생했는데, 그 고생은 온데간데없고 마음만 상한다. 실제로 "나는 이러이러한 부분이 충족되어야 A를 줄 거야"라는 사인을 명료하게 지속하는 팀장들이 있다. 그런 팀장들은 연말 평가를 할 때 별로 힘들지 않고 팀원들 역시 어느 정

PART 2. 초보 팀장에게 필요한 핵심 기술

도 예상을 한다. 반대로 평소에는 "수고가 많아요" "고생 많지요?" 말만 하던 팀장이 갑자기 연말에 B나 C를 주면 팀원은 당황할 수밖에 없다.

격려의 말은 언제나 좋다. 잘못하고 있을 때 격려는 힘이 된다. 가끔은 여기에 평가에 대한 기준도 함께 알려주는 센스가 더해지면 더할 나위 없이 좋을 것이다.

"수고 많아요. 좀 더 나아가서 이런 부분들이 충족되면 연말 평가에서도 좋은 결과를 얻을 수 있을 거예요."

정리해보자.

1. 연초에 평가 기준에 대한 합의를 한다.
2. 중간중간 계속 모니터링을 하고 그 결과를 공유한다.
3. 연말에 합의된 기준과 실제 성과에 관해 의견을 나눈다.

평가는 동기부여 수단이다. 단 제대로 되었을 경우에 그렇다. 제대로 안 되면 동기상실 수단이 된다. 열심히 하고 있어서 A를 받을 가능성이 높은 사람에게도 팀장의 기대를 끊임없이 이야기해주는 것이 좋다. "서준 씨는 지금 100% 달성을 하고 있다. 하지만 나는 만족하지 않는다. 서준 씨에 대한 나의 기대는 120%다." 그래야 그 팀원이 '어느 정도를 해야 팀장님이 A를 주시겠구나' 하는 예상이 가능해진다.

# 연말 평가 면담
## A to Z

추가사항으로 연말 평가에 대한 면담은 다음과 같은 내용으로 진행해보자. 면담 진행이 매끄럽고 수월해질 것이다.

1. 한 해 동안 고생 많았습니다. 가장 크게 성취한 것은 무엇인가요?

2. 어떤 부분에서 평가를 높이 받아야 한다고 생각하나요?

3. 평가점수에 도움이 되지 않았을 것 같은 부분은 무엇인가요?

4. 스스로를 평가한다면 몇 점을 주고 싶은가요?

5. 다른 동료들이 평가한다면 몇 점을 줄 것 같은가요?

6. 이런 기준과 사실에 의거해서 저는 ○점을 주겠습니다.

7. 내년에 더 좋은 평가를 받기 위해서 무엇을 변화시켜야 할까요?

8. 기대하지 않은 점수라 당황스러울까 조마조마했는데, 잘 이해해 주고 이렇게 개선 포인트까지 이야기해줘서 고맙습니다. 나도 내년에는 더 관심 기울이고 더 성장할 수 있도록 돕겠습니다.

위와 같은 평가 면담이 효과적으로 이루어지게 하려면, 팀원들에게 사전에 이 면담의 의미 및 당부 사항 등을 안내하는 것이 필요하다. 면담에 앞서 아래와 같은 메일을 보내 보라. 면담 중에 팀장이 좀 더 편하게 질문할 수 있고, 설득하려고 하는 마음을 좀 내려놓을 수 있다.

PART 2. 초보 팀장에게 필요한 핵심 기술

**평가 면담에 대한 안내**

한 해 동안 수고 많으셨습니다.

이제 우리가 1년 동안 우리가 이룬 성과를 평가하는 시기가 돌아왔습니다. 곧 여러분과 일대일 성과 면담을 하게 될 텐데 이와 관련하여 여러분께 몇 가지 안내와 당부의 말을 전하려고 합니다.

이 면담의 목적은 공정한 고과를 위한 의견 교환이며, 이를 통한 상호 이해입니다. 더불어 우리의 발전과 더 나은 미래를 위한 아이디어도 나눌 수 있게 되길 바랍니다.

이 시간에는 팀장인 제가 말을 하기보다는 여러분의 얘기를 충분히 듣고자 합니다. 올해 업무에 대해 스스로 기대하는 평가 등급도 생각해보고, 그렇게 생각하는 이유, 즉 무엇을 잘했고, 무엇이 아쉬웠는지 스스로 준비하고 면담에 임해주시기를 바랍니다.

평가에 대한 의견이 저와 여러분이 다를 수 있음을 이해합니다. 서로 이해하기 위한 노력을 통해 의견이 같아지면 좋겠으나, 그렇지 않은 경우도 있을 것입니다. 이럴 땐 충분히 의견을 개진하고 서로 '동의하지 않음을 동의 Agree to disagree'하는 것까지 갈 수 있으면 좋겠습니다.

참고로, 이번 면담을 통해서 성과에 대해서 충분히 의견을 나누고 12월에 평가 결과 피드백 면담을 한 번 더 진행할 예정입니다.

이래저래 평가는 돈과 승진으로 연결되는지라 쉽지 않은 일임이 분명하다. 하지만 팀장 중에 "연말 평가가 제일 어려워요"라고 말하는 사람이 있다면, 중간에 필요한 노력을 기울이지 않았다는 말이다. 농부가 쌀을 얻기 위해서는 88번의 손길이 필요하다고 했다.

연말에 상처받고 싶지 않다면, 1년에 88번 팀원에게 마음을 쓰고 그렇게 쓴 마음을 진솔하게 나눌 일이다.

# 7.
# 목표 설정 면담은
# 어떻게 해야 할까?

공정함의 이슈에 관해서는 앞서 잠깐 살펴보았다. 승진 연차에 승진을 못 하는 건 그럴 수도 있지만, 경쟁자가 승진했는데 내가 승진하지 못한 것은 참을 수 없다. 그리고 이렇게 생각하는 사람 대부분의 문제는 공정함이다. 공정함에 관한 문제는 업무에서 빈번하게 나타난다.

"저는 지금도 너무나 바쁜데 왜 저에게만 일을 주세요?"

"저는 지금 맡고 있는 프로젝트만도 3개예요."

"저는 휴가도 제대로 못 썼어요."

이런 말 속에는 누군가는 한가하며, 누군가는 일을 덜 하고 있고, 누군가는 휴가를 다 썼다는 표현이 숨어 있다. 그런데 팀장은 팀장 나름대로 고민이 있다.

'잘하는 팀원이 있고 못하는 팀원이 있는데 일의 양을 똑같이 줘야 하나? 아니면 잘하니까 좀 더 주고 못하는 팀원에게는 좀 덜 줘서 조절해야 하나?' 공정함을 핑계로 못하는 팀원에게도 똑같이 일을 나누면 결국 팀의 목표에 미달하는 문제가 발생한다. 그렇다고 잘하는 사람에게만 중요한 일을 줘서 성과를 몰아주면 일을 못하는 사람은 연말 평가에서 좋은 점수를 얻을 수 없다. 평가는 보상과 연계되니 골치가 아프다.

일단 우선순위를 정해보자. 기업은 영리를 목적으로 하는 조직이다. 당연히 목표가 가장 중요하며, 모든 팀원이 목표를 달성하기 위해 존재한다. 기업에서 하나의 목표는 각 조직에 배분된다. 그리고 팀에 배분된 목표를 다시 팀장이 팀원들에게 배정한다. 이제 팀장들이 목표 설정을 위해 팀원들과 대화를 진행해야 한다. 여기서 가장 어려워하는 부분이 무엇일까?'

목표량의 배분, 그 배분의 공정성이 가장 큰 고민일 것이다.

실전에서 팀장이 팀원과 함께 목표를 설정할 때 쓸 만한 무기는 무엇이 있을까 살펴보도록 하자. 분명히 같은 팀장인데 누군가는 능숙하게 목표 설정 면담을 할 것이고, 누군가는 면담을 끝내고 나서 '진짜 팀장 역할 하기 힘들다'라는 생각이 들 것이다.

## 면담을 통해
## 목표에 합의한다

목표 달성을 위한 업무가 정확히 몇 개이고, 그 업무의 난이도가 각각 몇 단계로 정확히 나타낼 수 있다면 목표 배분도 쉽고 성과 평가도 쉬울 텐데, 그렇게 구분할 수 없다는 것이 목표 배분의 어려움이다. 그로 인해 면담 역시 쉽게 풀리지 않는다. 그래도 면담에 공을 들여 진행해야 하는 이유는 '대화를 나눌 때 답이 가까워지기 때문이다.'

대화를 통해 정답을 찾아내는 게 아니라, 대화를 하다 보면 서로의 입장을 이해하게 된다는 말이다. '동의'가 아니라 '안다'는 것이다. 그러니 팀장들이여, 팀원과 목표 설정 면담을 할 때는 그 면담의 목표를 '설득시킨다'가 아니라, 팀원들로 하여금 '팀장이 왜 그렇게 말할 수밖에 없는지 알겠다'로 잡아야 한다. 목표를 그렇게 설정하면 면담의 방식도 달라질 것이다.

먼저 우호적인 분위기를 만들고 서로의 고민을 나눈 다음에 '그러면 우리 이렇게 해보자'로 마무리하는 것이다. 이 정도면 일단 마음이 좀 편해질 것이다. 그런 계획이 먼저 팀장의 머릿속에 있어야 할 것이다.

다음으로 대화할 때 필요한 표현을 살펴보자.

"우리 팀의 올해 목표는 얼마가 적절하다고 생각해요?"

"위에서 얼마나 내려왔을 거라고 생각해요?"

"그 목표에 대해 어떻게 생각하죠?"

이런 질문들로 가볍게 물어보는 거다. 그러면 다양한 대답이 나올 것이다. 너무 많다는 하소연이 들려오면 들어주고 인정해주어야 한다. 이런 질문도 좋겠다.

"이 목표를 우리 팀 다섯 명이 달성해야 하는데, 유진 님이 최선을 다한다면 어느 정도까지 할 수 있을까요?"

"유진 님이 120% 능력을 발휘하면 얼마까지 할 수 있을 것 같아요?"

"유진 님이 원하는 지원을 내가 다 해준다면 얼마까지 가능할까요?"

도전적인 목표 stretch goal를 묻는 것은 코칭에서 중요하다. 사람들이 목표를 생각할 때 '될까? 안 될까?'에 매달려 생각하게 된다. 그러니 더 도전적인 목표를 물어 기본적인 목표는 달성을 전제로 생각하게 만들어야 한다.

## 업무 배분에도 노하우가 있다

목표를 이기적으로 잡는 팀원이 있다면 어떻게 해야 할까? 일단 그럴 수 있다는 포용심을 가져야 한다. 인간은 원래 그렇다는 생각, 즉 마음을 잊지 말아야 한다. 그 마음을 통해 감정을 컨트롤

해야 한다. 자칫 감정에 휩싸여서 "유진 님이 그만큼밖에 안하면 다른 사람들 어쩌라는 거예요?" 너무한 거 아니에요?"라고 말하기 십상이다. 그럴 때는 "자 그러면 우리 팀 다섯 명에게 유진 님이 원하는 대로 배분해보세요"라고 제안해도 좋겠다.

중요한 것은 이야기를 최대한 많이 해보는 것이다. 대화를 통해 내가 원하는 것, 상대방이 원하는 것, 그리고 팀 전체의 이야기를 들어서 공감대를 형성하고 합의를 조성해야 한다. 그게 바로 '목표 설정 대화'다. 목표에 대해 어느 정도의 합의가 이뤄지고 나면 다음 단계의 질문을 던진다.

"유진 님은 그것을 어떻게 달성해보고자 하나요?"

"그것을 위해 어떤 노력을 해볼 수 있을까요?"

"언제까지 무엇을 해볼 수 있을까요?"

"또 무엇을 해볼 수 있을까요?"

"기존에 하지 않았지만 새롭게 해보고 싶은 것이 있다면 무엇인가요?"

"유진 님이 말한 것들 중에 당장 시작해볼 수 있는 것은 무엇인가요?"

"유진 님이 말한 것들 중에서 가장 효과적인 것은 무엇인가요?"

또는 블루오션 전략Blue ocean strategy을 가능하게 하는 도구인 ERRC그리드를 사용해도 되겠다.

| 제거 eliminate | 목표 달성을 위해 없애야 할 것은? |
| 감소 reduce | 목표 달성을 위해 줄여야 할 것은? |
| 증가 raise | 목표 달성을 위해 증가시켜야 할 것은? 좀 더 집중해야 할 것은? |
| 창조 create | 목표 달성을 위해 새롭게 추진해야 할 것은? |

목표 설정 면담에서 절대 빼먹지 말아야 할 질문이 있다.

"유진 님이 목표를 달성하도록 돕고 싶은데, 내가 무엇을 지원하면 좋을까요?"

이 질문을 내놓기 전에 먼저 그가 목표 달성을 위해 어떤 계획을 갖고 있는지 충분히 물어보고 확인한 다음에 이 질문을 던져야 한다. "올해 목표가 이건데, 유진 님이 꼭 달성해야 합니다. 내가 뭘 도와줄까요?"라고 바로 의욕 있게 물어보면 안 된다는 것이다. 목표를 달성하는 방법은 스스로 생각해볼 수 있도록 시간과 기회를 준 뒤에 질문하는 것이 코칭적인 접근이다. 그 이유는 명확하다. 참여하지 않으면 헌신도 없다No involvement, no commitment.

정리해보자.

1. 팀 목표가 이렇게 내려왔는데, 어떻게 생각하는가?

2. 적절하다 생각하는가?

3. 어느 정도가 적절하다고 생각하는가?

4. 최선을 다한다면 어느 정도까지 할 수 있을까?

5. 당신의 능력을 120% 발휘한다면 가능한 목표는 얼마인가?

6. 당신이 원하는 지원을 해준다는 가정하에 어느 정도까지 할 수 있는가?

7. 다른 팀원도 목표가 부담스럽기는 마찬가지일 텐데 당신이 목표를 공정하게 배분해야 한다면, 어떻게 나누고 싶은가?

8. 당신은 그것을 어떻게 달성하고 싶은가?

9. 그것을 위해 어떤 노력을 해볼 수 있을까?

10. 언제까지 무엇을 해볼 수 있겠는가?

11. 또 무엇을 해볼 수 있을까?

12. 기존에 시도한 적 없는, 새롭게 해보고 싶은 것이 있다면 무엇인가?

13. 당신이 말한 것들 중에 당장 시작해볼 수 있는 것은 무엇인가?

14. 당신이 말한 것들 중에서 가장 효과적인 것은 무엇일까?

15. 목표 달성을 위해 없애야 할 것은?(ERRC 그리드)

16. 목표 달성을 위해 줄여야 할 것은?(ERRC 그리드)

17 목표 달성을 위해 증가시켜야 할 것은? 좀 더 집중해야 할 것은?(ERRC 그리드)

18. 목표 달성을 위해 새롭게 추진해야 할 것은?(ERRC 그리드)

19. 당신이 목표를 달성하도록 돕고 싶은데 내가 무엇을 지원하면 좋을까?"


이제 목표 설정 대화가 어느 정도 완성되었다면 목표 설정 대화의 마무리 멘트가 필요하다.

"처음에는 목표에 대한 부담감으로 시작했지만 대화를 나누면서 서로의 입장을 더 이해하는 시간이 되었다. 먼 길을 나서는 출발점에서 손을 좀 더 꽉 잡게 된 느낌이어서 든든하다."

대화 중에는 어려움을 충분히 토로하도록 하되 마무리는 희망을 노래하고 격려하는 분위기가 되면 좋겠다. 여기서 한 단계 더 나아갈 수도 있다.

"유진 님이 그 정도로 부담을 느낀다는 것은 그만큼 책임감을 느끼는 것이에요. 그런 면면이 듬직합니다."

이렇게 인정해줌으로써 동기부여를 해줄 수 있다.


## 목표 달성 중간 과정의 노력을 구체화하는 코칭

목표 설정에 관한 실험 가운데 가브리엘 외팅겐Gabriele Oettingen 뉴욕대 교수의 실험이 팀장들에게 통찰의 계기가 될 것 같다.

외팅겐 교수는 다이어트 프로그램에 참여한 여성들을 대상으로, 음식 욕구를 통제할 수 있다고 믿는 집단과 음식 욕구를 통제할 수 없다고 믿는 집단을 1년간 비교했다. 결과는 음식 욕구를 통제할 수 없다고 믿는 집단이 체중을 평균적으로 12kg이나 더 감량한 것으로 나타났다. 막연하게 잘할 수 있다, 잘될 것 같다고 긍정적으로만 생각하게 되면, 목표를 달성하는 구체적인 행동 계획 세우기를 게을리하게 된다. 실제로 '나는 음식에 대한 욕구 통제가 가능하니까 이번 한 번은 닭다리 먹어도 돼'라고 자기 확신, 자기 과신을 하게 되더라는 것이다. 게다가 목표를 달성하는 과정에서 생길 수 있는 장애물을 만나면 포기하게 되고, 먹지 못한 포도의 맛이 실 거라고 판단하는 여우처럼 적당히 합리화하고 만다.

목표 달성이 우리에게 왜 필요한 것인지 먼저 모두가 공감해야 한다. 목표가 필요한 이유를 알게 되면 구성원들 모두가 달성을 원하게 될 것이다. 그러면 거기에 맞는 행동 계획을 세우고, 맞닥뜨리게 될 난관이나 장애물을 예상하고, 거기에 맞는 대응책까지도 고민해야 한다. 정리해보자.

1. 당신의 목표가 구체적으로 무엇인가?
2. 그것을 달성하기 위해 어떤 행동들을 할 것인가?
3. 예상되는 장애물은 무엇인가? 그것에 어떻게 대처할 것인가?

영국 하트퍼드셔 대학교 심리학과 교수인 리처드 와이즈면Richard Wiseman이 목표에 관해서 연구를 진행한 적이 있는데, 《59초59Seconds》라는 책에서 그가 밝혀낸 '목표 달성의 4단계'는 다음과 같다.

1. 나의 전체적인 목표는?

2. 나의 중간 목표는?

    a. 첫 번째 중간 목표는?

    이 중간 목표를 달성하기 위해 내가 해야 할 일은?

    그것을 _____까지 할 것이다.

    이것을 달성했을 때의 보상은 _____이다.


    b. 두 번째 중간 목표는?

    이 중간 목표를 달성하기 위해 내가 해야 할 일은?

    그것을 _____까지 할 것이다.

    이것을 달성했을 때의 보상은 _____이다.


    c. 세 번째 중간 목표는?

    이 중간 목표를 달성하기 위해 내가 해야 할 일은?

    그것을 _____까지 할 것이다.

    이것을 달성했을 때의 보상은 _____이다.


    d. 네 번째 중간 목표는?

    이 중간 목표를 달성하기 위해 내가 해야 할 일은?

    그것을 _____까지 할 것이다.

    이것을 달성했을 때의 보상은 _____이다.


3. 목표를 달성하면 어떤 혜택이 있는가?


# 76

와이즈먼 교수는 목표에 관해서 한마디로 일갈한다.

"목표를 달성한 모습이 아니라, 목표 달성을 위해 노력하는 모습을 상상하라."

팀장의 팀원 목표 설정 코칭에서도 눈여겨봐야 할 대목이다. 목표 그 자체가 아니라, 목표 달성을 위해 노력하는 모습을 코칭해야 할 것이다.

# 8.
# 최고 선임 코칭을
# 어떻게 시작할까?

조직 개편 등으로 인한 인사이동이 이루어질 때 팀원이 아닌 팀장이 이동하는 경우도 있다. 새로운 팀으로 발령받은 팀장이든 기존 팀에서 막 승진한 팀장이든 할 일이 정말 많을 것이다. 그 시기에는 먼저 자신과 함께 일할 사람들과 합을 맞춰보는 게 시급할 텐데, 여기서 가장 중요한 사람이 바로 우리 팀의 선임이 아닐까 싶다. 팀장과 팀원들을 연결해줄 선임의 신뢰를 얻는 것은 신임 팀장의 업무 중 가장 먼저 진행해야 할 일일 것이다.

팀의 최고 선임과 처음 나눠야 할 대화를 살펴보자.

| 홍 팀장 | 고 차장님, 이야기 좀 할 수 있을까요? |
|---|---|
| 고 차장 | 네, 팀장님. |
| 홍 팀장 | 제가 새롭게 팀장으로 와서 이제야 단둘이 이야기를 나누는 시간을 갖게 되었네요. 그동안 고 차장님이 팀의 차석자로서 팀 운영에서 중요한 역할을 하셨잖아요. 향후 팀 운영을 구상하면서 고 차장님과 이야기를 나누는 게 가장 시급하다는 생각이 들었어요. 도움말도 듣고 싶고… 이야기할 시간 될까요? |
| 고 차장 | 네, 팀장님. 안 그래도 제가 차석이다 보니 팀원들도 걱정하는 부분에 대해서 대표로 말씀 나누고 싶었습니다. |
| 홍 팀장 | 그렇죠. 제가 홍보팀에 오래 있다가 영업팀으로 온 거라 아직 모르는 게 많으니 팀원들의 걱정이 어떨지도 생각하고 있어요. 이런 일에 나서는 걸 보면 고 차장님은 진짜 좋은 분인 것 같아요. |
| 고 차장 | 감사합니다. |
| 홍 팀장 | 팀장이 새로 왔으니 어떻게든 도와주고 싶은 마음처럼 느껴집니다. 새로 온 팀장이 잘 적응할 수 있을까 염려해주는 마음인 것 같기도 하고요. |
| 고 차장 | 팀장님도 지금 상황이 낯설게 느껴지시죠? |
| 홍 팀장 | 사실 그래요. |

| | |
|---|---|
| **고 차장** | 듣기로는 오랫동안 홍보통으로 일하셨다던데, 영업팀을 책임지는 팀장으로 오셔서 부담스러우실 것 같기도 합니다. |
| **홍 팀장** | 그렇게 하나하나 마음 써주는 것이 든든해요. 이렇게 마음 써주는 사람 있으면 얼마든지 같이해볼 수 있겠다, 이런 생각이 듭니다. |
| **고 차장** | 네, 팀장님. 열심히 해보겠습니다. |
| **홍 팀장** | 고마워요. 홍보팀에서 이쪽으로 온 사람에게 해주고 싶은 이야기가 있을 것 같아요. 이런 건 이렇게 해야 한다거나 이걸 해달라고 말할 게 있다면, 가감 없이 이야기해주면 제게도 도움이 될 것 같아요. |
| **고 차장** | 알겠습니다. 사실 영업팀이 생각보다 힘든 팀입니다. |
| **홍 팀장** | 그래요, 그렇겠죠. |
| **고 차장** | 경영지원팀이나 홍보팀도 외부 사람들과 함께 일하기는 하지만, 비중으로 따지면 영업부서가 아무래도 외근이 많습니다. 그런데 외부 사람들과 일하다 보면 내부 사람들처럼 잘 아는 게 아니니까 돌발 상황도 자주 발생해서 스트레스도 많이 받고, 외근을 하고 나서 그 업무를 정리하고 서류작업 하고 해야 하니 야근도 많고, 또 거래처와 술 마시는 일도 많다 보니 체력도 달리고…. |
| **홍 팀장** | 그러네요. 고객 만나는 일이 큰일이겠어요. |
| **고 차장** | 그래서 팀원들 성향이 드세기도 합니다. |

| 홍 팀장 | 그런 이야기도 외부에서 종종 들었죠. |
|---|---|
| 고 차장 | 그런 드센 팀원들, 영업팀이 제일 힘들다고 생각하는 영업팀 팀원들의 마인드에 대해서 팀장님께서 고민해주시면 어떨까 싶습니다. |
| 홍 팀장 | 그러네요. 고 차장님의 설명을 정리해보면 지원부서처럼 체계적으로 돌아가는 느낌보다는, 상황에 따라서 예상치 못한 일이 벌어지고 또 순간순간 대처해야 하는 능력이 많이 필요한 부서라는 말 같네요. 그런 면에서 제가 맡았던 홍보팀과는 성격이 많이 다르고, 그래서 팀장인 제가 잘 적응해서 이끌었으면 하는 마음인 것 같아요. |
| 고 차장 | 네, 팀장님. 성격 자체가 완전히 달라요. 그런데 홍보팀에 계실 때 워낙 타 부서와 관계도 좋으시고, 나쁜 소리도 못 들었습니다. 그래서 오신다고 하셨을 때 인간적인 면에서 팀원들 굉장히 기대하기도 했습니다. |
| 홍 팀장 | 음… 그건 다행이네요. 그 말이 무척 고마워요. 그리고 이야기를 나눠보니까 팀원들이 겪는 어려움을 알아줘야 하겠고, 상황에 따라 제가 예전에 하던 방식과는 다른 방식을 써야 할 필요도 있다는 생각도 듭니다. |
| 고 차장 | 저도 홍보 일을 해본 건 아니라서 단언하기는 힘들지만, 아마 분명하게 다를 겁니다. 그런 사람들의 성향을 특별히 신경 쓰시면, 확실히 도움이 될 거라는 생각입니다. |
| 홍 팀장 | 고 차장님이 우리 팀에서 가장 중요하고 중추적인 역할을 |

하고 있고, 그런 사람이 관계에 대해 계속 신경 쓰는 걸 보니까, 영업팀이 그동안 결속력 있고 또 성과도 좋았던 게 고 차장님의 역할이 꽤 컸던 것 같습니다.

**고 차장** 좋게 봐주셔서 감사합니다.

**홍 팀장** 그게 아주 중요한 일 같고, 나도 그렇게 하고 싶어요. 혹시 내가 그런 부분을 잘 이끌어가려고 할 때, 고 차장님이 해줄 수 있는 역할이 있다면 어떤 걸까요?

**고 차장** 음… 팀원들이 어떤 성향이고 어떤 것을 잘하는지 팀장님이 아시면 도움이 될 것 같으니까, 그걸 정리해서 드리면 어떨까요? 그러면 팀원을 파악하시는 데 시간을 줄일 수 있고, 팀이 새 팀장님과 빨리 적응해서 업무를 계속해가는 데 도움이 될 것 같습니다.

**홍 팀장** 아, 좋은 생각이에요. 그 말 들으니 고마워요. 그런데 업무로 바쁠 텐데 정리하려면 시간이 걸릴 것 같으니, 나중에 적당한 시간을 내서 말로 해줘도 좋을 것 같아요.

**고 차장** 그렇게 말씀해주시니 부담이 확 줄어듭니다.

**홍 팀장** 도와주겠다는 마음이 고맙고 든든해요. 팀원들을 파악하는 것이 아무래도 먼저니까요. 그리고 또 어떤 것들이 있을까요?

**고 차장** 아, 그리고… 영업팀을 맡고 계시는 이사님이 약간 고삐를 죄는 스타일이세요.

**홍 팀장** 아….

PART 2. 초보 팀장에게 필요한 핵심 기술

| 고 차장 | 들어서 알고 계실 텐데, 그분이 어떤 것에 민감해 하시는지를 제가 좀 고민해보겠습니다. 팀장님은 이사님 잘 보필하셔야 하니까요. |
|---|---|
| 홍 팀장 | 그 부분도 중요하죠. |
| 고 차장 | 이사님의 업무 성향이 어떠신지, 어떤 것에 민감하신지, 어떻게 해야 마음에 들어하시는지, 제 의견에 더해 팀원들의 의견까지 모아서 말씀드리겠습니다. |
| 홍 팀장 | 아하, 그러니까 '이사님 가이드북' 같은 거네요. 정말 내 입장에서 생각해주는 것 같은 기분이 들어요. 고 차장님이 이런 걸 좀 해줬으면 좋겠다는 생각이 드는 게 하나 있는데 이야기해도 될까요? |
| 고 차장 | 네. |
| 홍 팀장 | 각 팀 안에 여러 파트들이 있는데, 그 파트들의 영업 현황은 내가 가지고 있습니다. 고 차장님은 파트별로 어떻게 하면 영업을 더 잘할 수 있을지, 이런 기초자료를 아이디어 차원에서라도 좋으니까 만들어주시면 도움이 될 것 같습니다. |
| 고 차장 | 그걸 제가 혼자 할 수 있을까요? 제가 선임이긴 하지만 저도 한 파트에 속해 있는 영업맨이라… 차라리 회의를 소집하는 편이 낫지 않을까요? |
| 홍 팀장 | 쉬운 일이 아닌 것은 알고 있어요. 그래서 고 차장님에게 부탁하는 거고요. |

| 고 차장 | 무슨 뜻인지 알겠습니다. 제가 선임이니 아무래도 팀원들 중에는 제가 가장 많이 알고 있을 것 같고… 그러면 제 입장에서 좀 아쉬웠던 것, 이런 게 개선되면 좋을 것 같다고 생각되는 것들을 한번 정리해보겠습니다. |
|---|---|
| 홍 팀장 | 좋아요. 팀별 특성이나 영업적 과제 같은 것들이 정리되어 있으면 좋을 것 같습니다. 그렇게만 되면, 관계적인 것뿐 아니라, 성과적인 측면에서도 빨리 적응하는 데 도움이 될 것 같아요. 사실 김 이사님에게 보고도 해야 하고 그러면서 아는 척도 좀 해야 하고…. |
| 고 차장 | 제가 관계 문제만 생각하고 있었는데, 팀장님 말씀을 듣다 보니 업무적 어려움도 갖고 계시겠구나 하는 생각이 듭니다. 제가 그걸 미리 준비해서 오시는 날 드렸어야 했는데…. |
| 홍 팀장 | 그렇게까지 이야기해주니 진심이 느껴집니다. 이게 쉽지 않은 부탁이라는 걸 알고 있어요. 자기 파트 외에 다른 파트에도 물어봐야 할 테고…. 그래도 기꺼이 맡아준다고 하니까 고마워요. 자료를 언제까지 받아볼 수 있을까요? |
| 고 차장 | 다른 파트 의견들도 들어보고 정리해야 하니, 한 일주일 정도 주시면 좋을 것 같습니다. |
| 홍 팀장 | 일주일… 괜찮긴 한데 사정이 좀 있어요. 다음 주 금요일까지 이사님에게 보고하고 싶은 욕심이 있거든요. 그러니 조금 미흡해도 다음 주 수요일까지 가능할까요? |

| 고 차장 | 수요일까지는 드려야 부족한 부분에 대해 이야기 나누고 필요한 자료를 추가하실 수 있을 테니, 그때까지 맞춰보겠습니다. |
|---|---|
| 홍 팀장 | 잘 진행되고 있다는 것을 어떻게 알 수 있을까요? |
| 고 차장 | 제가 월요일쯤에 중간보고 하겠습니다. |
| 홍 팀장 | 그렇게 해준다면 정말 고마워요. 고 차장님이 일 잘한다는 소문은 들었는데 이 정도일 줄은 몰랐네요. |
| 고 차장 | 감사합니다. 월요일에 중간보고 하고 수요일에 최종적으로 보고하는 것으로 알겠습니다. |
| 홍 팀장 | 그래요, 고마워요. |

———————————— 99 ————————————

## 코칭의 정도를 걷는 대화, 핵심 살펴보기

수학 문제를 풀려면 공식을 먼저 외워야 한다. 공식이 머릿속에 없으면 문제는 건드리지도 못한다. 코칭도 마찬가지다. 시작하는 공식이 있다.

"이야기 좀 할 수 있을까?"

"이야기할 시간을 좀 내 줄 수 있을까요?"

"팀워크에 관해 이야기 나누고 싶은데 괜찮을까요?"

그리고 나서 대화의 목적이나 의도를 정확히 전달하는 질문을 던지면 군더더기 없이 깔끔하게 시작할 수 있다.

"그동안 고 차장님이 팀의 차석자로서 팀 운영에서 중요한 역할을 하셨잖아요. 향후 팀 운영을 구상하면서 고 차장님과 이야기를 나누는 게 가장 시급하다는 생각이 들었어요. 도움말도 듣고 싶고… 이야기할 시간 될까요?"

그리고 앞의 대화가 성공할 수밖에 없는 단 하나의 이유를 고르라면 이 부분이다.

"고 차장님은 진짜 좋은 분인 것 같아요."

"팀장이 새로 왔으니 어떻게든 도와주고 싶은 마음처럼 느껴집니다. 새로 온 팀장이 잘 적응할 수 있을까 염려해주는 마음인 것 같기도 하고요."

여기서 대화의 성공률을 90%로 올렸다고 보면 되겠다. 왜 그럴까? 이 대화에는 인정하기와 욕구 들어주기, 마음 알아주기 기술들이 복합적으로 들어가 있다. 이는 조직에서 벌어지는 많은 대화에서 가장 부족한 것들이라고 할 수 있다. 그렇게 엄청난 기술인가 싶을 수도 있을 것이다. 그런데 실제 현장에서는 단순한 말도 엄청난 효과를 발휘한다. 팀원들은 말에 상처받고 말에 위로받는다.

그러니 본인을 인정해주고 욕구를 들어주고 밑 마음을 알아주는 팀장의 말에 듣는 사람의 입장에서 마음이 제대로 열렸으리라. 이제는 팀장에게 빠져드는 일밖에 없다. 코칭을 계속 배우고 연습

하고 훈련하다 보면 갈증을 느끼는 부분이 있는데, 바로 인정해주고 욕구를 들어주고 숨은 마음을 알아주는 부분이다. 이것은 자기중심적인 본성을 누르고 완전한 상대방 중심이 되어야 가능한 수준이다.

대화 앞부분에서 홍 팀장은 불안해하는 고 차장에게 계속해서 알아주고 인정하는 말을 던진다.

"고 차장님이 우리 팀에서 가장 중요한 중추적인 역할을 하고 있고, 그런 사람이 관계에 대해 계속 신경 쓰는 걸 보니까, 영업팀이 그동안 결속력 있고 또 성과도 좋았던 게 고 차장님의 역할이 꽤 컸던 것 같습니다."

이렇게 인정과 칭찬을 통해 상대방의 마음을 열고 상대방을 대화로 이끄는 과정이 앞에서 충분히 이뤄진 다음에야 비로소 질문할 권리가 주어진다. 사례에서 어떤 질문이 이어졌는지 살펴보자.

"혹시 내가 그런 부분을 잘 이끌어가려고 할 때, 고 차장님이 해줄 수 있는 역할이 있다면 어떤 걸까요?"

이런 질문은 상대방에게 역할을 부여하는데 지위를 이용해 상명하달식으로 하는 게 아니라 스스로 생각하게 만드는 질문이다. 어떤 강압이나 의도도 없고 부자연스러움도 없다. 또 이런 질문은 어떤가?

"그리고 또 어떤 것들이 있을까요?"

코칭에서는 한 가지만 생각하게 하는 것이 아니라, 두세 가지 해결책을 스스로 생각하게 해야 한다. 그렇게 진행해서 고 차장의 사례처럼 홍 팀장이 원하는 결과로 이야기가 전개되면 좋다. 하지만 모든 상황이 원하는 대로 흘러가는 것은 아니다. 만약 내가 필요한 것으로 이어지지 않는다면, 그때는 어떻게 해야 할까?

"고 차장님이 이런 걸 좀 해줬으면 좋겠다는 생각이 드는 게 하나 있는데 이야기해도 될까요?"

허락을 구하고 요청하면 된다. 이런 흐름에서 상대방이 거절하지는 않겠지만, 그렇더라도 상대방이 허락한 뒤에 말을 꺼내라. 그리고 대화를 진행하면서 상대방 알아주기를 잊으면 안 된다.

"그렇게까지 이야기해주니 진심이 느껴집니다. 이게 쉽지 않은 부탁이라는 걸 알고 있어요. 자기 파트 외에 다른 파트에도 물어봐야 할 테고…. 그래도 기꺼이 맡아준다고 하니까 고마워요."

그런데 그냥 알아주는 것에서 끝나면 안 된다. 목표를 정확하게 할 필요가 있다.

"자료를 언제까지 받아볼 수 있을까요?"

이 질문을 들으면 벌써 팀원의 머릿속에서는 전체 스케줄이 계산되고 있을 것이다. 생각하면 참여하는 것이고, 참여하면 헌신하게 된다.

이런 질문도 좋다.

"잘 진행되고 있다는 것을 어떻게 알 수 있을까요?"

홍 팀장은 신임 팀장이라 아직 팀원을 속속들이 알지 못한다. 말만 잘하는 팀원이 있을 수 있으니, 처방하기 전에 예방하려면 반드시 던져야 할 질문이다. 물론 팀장이 "월요일에 중간보고를 해주세요"라고 말할 수도 있다. 그렇게 직접적으로 부탁해도 되는 신뢰 수준이라면 말이다. 다만 질문을 던지면 팀원이 또 다른 더 좋은 아이디어를 줄 수 있을지도 모를 일이다.

대화 마지막을 점검해보자.

"그렇게 해준다면 정말 고마워요. 고 차장님이 일 잘한다는 소문은 들었는데 이 정도일 줄은 몰랐네요."

평상시에 '내가 너에 대해 좋은 이야기를 듣고 있고, 또 그렇게 알고 있다'는 인상을 주는 칭찬으로 좋은 행동의 강화를 이끌어내는 기술이다.

코칭은 이처럼 구조화된 질문에서 순간순간 경청하고, 즉흥적으로 칭찬하고 인정하며, 피드백하는 것이다. 다시 말해 코칭은 질문 모델 안에서 춤추고 노래하는, 살아 숨 쉬는 호흡이고 하모니다.

# 9.
# 새로 온 팀원
# 빠르게 적응시키는 법

조직은 살아 있는 생명체와 같다. 일단 탄생하면 변화하고 성장하고 쇠퇴하기도 하며 끝내 죽음에 이르기도 한다. 처음 만들어진 조직이 성장하면서 더 많은 팀으로 분화하기도 하고, 위기가 오면 축소하거나 혁신을 위한 개편이 단행되기도 한다. 어떤 기업은 매너리즘에 빠져서 정체되는 걸 방지하기 위해 정기적인 조직 개편을 하기도 하며, 그 외에 여러 가지 이유로 조직은 개편을 단행한다. 조직이 개편되면서 인사이동, 즉 팀의 구성원도 바뀌는 일이 종종 있다. 팀의 성향이 바뀌면서 새로운 사람이 올 수도 있고, 휴직이나 퇴직 등으로 빈자리를 메우는 인력이 충원되기도 한다. 유능해서 꼭 데려오고 싶었던 팀원일 수도 있고, 문제를 일으키고 문책성 인사로 배치되는 인력도 있을 것이다.

어쨌든 여러 가지 이유로 다른 팀에서 우리 팀으로 새로 온 팀원을 받아야 할 때가 있다. 자리를 마련해주고 할 일을 주는 것으로 새 팀원을 맞이하는 일이 끝나는 건 아닐 것이다. 그 팀원이 우리 팀에 빨리 적응하고 성장해서 더 좋은 성과를 내도록 코칭하는 것은 유능한 팀장이라면 반드시 해야 할 일이다.

## 새 팀원 면담은
## 빠른 시일 내에

이번 장에서는 조금 긴 사례를 소개한다. 곳곳에 녹아 있는 핵심을 잘 살펴보기 바란다.

영업팀 이 팀장은 과장으로 승진해서 구매팀에서 온 새 팀원에게 면담을 청하는 상황이다.

———————————— 66 ————————————

**이 팀장**  성 과장님, 혹시 저랑 이야기할 시간 있어요?

**성 과장**  네, 팀장님.

**이 팀장**  우선 우리 팀에 온 걸 환영해요. 새로운 팀에 적응하고 새로운 분들과 같이 지내야 하는데 어떤 마음인지 궁금하네요. 또 어려운 점은 없는지 이야기를 들어보고 싶어요.

**성 과장**  안 그래도 팀을 이동하는 건 오랜만이라서 좀 긴장됩니다. 같은 회사이지만 신입사원이 된 것처럼 낯설고 어색해서 어떻게 해야 잘할 수 있을까 고민도 되고요. 팀과 팀원들은 어떤 스타일인지 파악도 해야 할 것 같아 이래저래 고민이 많았는데, 팀장님께서 먼저 불러주시니 마음이 놓입니다.

**이 팀장**  고민한 걸 보니 훌륭한 팀원의 자질이 보이네요.

**성 과장**  감사합니다.

**이 팀장**  지금까지는 사실 영업하고 반대인 구매팀에서 근무했는데 영업팀으로 오게 되어 생각이 많았을 것 같아요. 처음에 발령받았을 때 느낌이 어땠는지 이야기해줄 수 있어요?

**성 과장**  음… 영업팀에서 구매팀에 요청하는 것이 많다 보니 일을 오랫동안 함께 해서 완전히 낯설지는 않았습니다. 그런데 일을 같이 하다 보면 어떤 때는 관계가 틀어질 때도 있어서 '영업팀 사람들 왜 저렇게 일하지?' 하고 생각한 적도 가끔 있어서, 영업팀으로 가라고 하니까 처음에는 좀 당황스럽더라고요. 내가 뭘 잘못했나 이런 생각이 제일 먼저 들었던 것도 사실입니다.

**이 팀장**  그러면 반가운 마음보다는 의아하고 약간 걱정스러운 마음이 더 컸겠네요.

**성 과장**  어느 정도는 그렇습니다. 회사가 지금 위기이니 지원부서보다는 영업에 초점을 맞춘다는 취지로 한 명을 보내게 되었는데 제가 당첨되어서 쫓겨난 느낌도 들기도 하고요.

**이 팀장**   인사 발령에 섭섭한 마음도 들었겠네요….

**성 과장**   그동안 열심히 했다고 생각했는데, 구매팀 팀장님에게 좀 서운하기도 하고 아쉽기도 합니다.

**이 팀장**   아, 그런 마음이군요.

**성 과장**   그래서 사실 이런 생각도 했었어요. 영업팀에서 일을 엄청 잘해서 후회하게 만들어야지.

**이 팀장**   여러 가지로 복잡했겠지만 결론적으로 성 과장님이 여기서 잘해야지 하고 마음먹은 걸 보면 긍정적이고 적극적인 마인드를 가진 분으로 보여요.

**성 과장**   네, 계기야 어쨌든 제가 잘하면 회사에도 좋은 거라고 생각합니다. 그래서 잘하고 싶은 마음입니다.

**이 팀장**   어느 자리에서든지 열심히 했을 것 같고, 또 이 자리에 와서는 새롭게 잘해보고 싶은 마음을 갖고 있는 게 참 경쾌해 보여요. 이런 분이니까 승진해서 우리 팀에 온 것 같고요.

**성 과장**   말씀대로 열심히 해보고 싶습니다.

**이 팀장**   좋은 기회이니 우리 회사에서 영업이라는 것에 대해 한번 생각해볼 시간이 필요할 것 같아요. 그냥 우리가 막연하게 상상하는 영업이 아니라, 지금 생각하기에 영업이 어떤 의미이고 우리 회사에 어떤 가치를 지니는지, 이런 걸 생각해본다면 어떻게 정리할 수 있을 것 같아요?

| 성 과장 | 사실 잘 팔려야 회사가 성장하는 거고, 또 그래야 구매팀도 있고 회계팀이나 경영지원팀도 있게 되는 건데, 구매팀에 있을 때는 구매 업무만 하다 보니 편하게 진행하려고 영업팀 사람들에게 안 된다는 말도 많이 했습니다. 구매팀에서 쫓겨나듯 나온 것 같지만 중요한 부서에 왔고 또 내가 잘하면 오히려 기회가 될 수 있겠다는 마음에 기대와 부담이 반반입니다. |
|---|---|
| 이 팀장 | 사람들은 불편해지면 긍정적인 요소를 찾기가 어려운데, 지금 성 과장님이 말하는 걸 보니, 처음에는 불편함을 느꼈지만 현재 상황의 장점을 찾아내고 긍정의 마음으로 전환하는 게 놀랍네요. |
| 성 과장 | 네. 협의도 없었고 오랜만의 인사이동이라 처음에는 불편하고 서운하고 아쉽고 그랬는데, 제가 신입사원도 아니고, 회사를 그만둘 것도 아니고, 더구나 이제 과장이니 잘해서 더 인정받고 싶습니다. 잘할 수 있을 것 같기도 하고요. 이런 마음이 점점 더 커져가고 있습니다. |
| 이 팀장 | 이런 것도 생각해볼 수 있을 것 같아요. 입사해서는 거의 구매에서만 근무했잖아요. 구매에서 배운 것들이 영업하는 데 어떤 도움이 될 수 있을 것 같아요? |
| 성 과장 | 음… 영업 자체가 구매와 밀접하게 연결되어 있으니, 아무래도 영업만 한 사람들에 비해 구매 업무의 특성을 잘 알기 때문에 그들과 더 효율적으로 융통성 있게 일할 수 있 |

지 않을까 생각해봅니다.

**이 팀장**　오, 그러네요.

**성 과장**　그리고 구매팀 사람들과 친분이 있으니 좀 어렵다 하는 것들도 가능하게 할 수 있을 것 같습니다.

**이 팀장**　구매팀에서 평판을 잘 쌓은 것 같네요.

**성 과장**　평판까지는 잘 모르겠지만, 이 대리를 비롯해 몇몇은 워낙에 친밀도가 있으니까 도움이 많이 될 것 같습니다.

**이 팀장**　그렇게 이야기하니 기대가 됩니다. 영업팀에도 이미 잘하는 사람들이 있지만, 성 과장님은 또 남다른 자원을 갖고 있기도 하고… 혹시 아직은 감이 안 잡힐지도 모르겠지만 '올해 이 정도 하면 좋겠다'고 이야기할 수 있다면 그건 어느 정도일까요?

**성 과장**　글쎄요. 지금 영업팀에서 순수하게 영업으로 성과 평가받는 분들이 10명이니까, 제가 과장이라는 점을 고려해서… 10명 중에 5위 정도면 어떨까 싶습니다.

**이 팀장**　좋은 생각이에요. 처음 와서 1년 안에 중간 정도 가겠다고 해주니 열정과 의지가 보여요. 한편으로 다른 생각도 있는데… 이야기해도 될까요?

**성 과장**　네, 팀장님.

**이 팀장**　목표 5위는 좀 약하다는 생각도 들어요.

**성 과장**　5위도 도전적인 목표로 잡은 건데요.

**이 팀장**　그럴 것 같아요.

| 성 과장 | 저에게 기대가 너무 크신 것 같은데요. |
|---|---|
| 이 팀장 | 본인이 본인을 잘 모를 수 있어요. 그동안 제가 객관적으로 봐온 성 과장님은 그보다는 더 능력 있는 사람이라고 생각해요. |
| 성 과장 | 그럼 몇 위쯤 생각하세요? |
| 이 팀장 | 상중하로 잡아보자면, 상은 적어도 3위는 해야 한다고 생각해요. 그리고 제 생각으로는 1등 하려고 노력하다가 3등 하는 건 괜찮아요. 2등을 목표로 해서 2등 한 사람보다는, 1등을 목표로 했지만 3등 한 사람이 내 기준에 좋게 보인다는 뜻이에요. |
| 성 과장 | 좀 더 과감한 목표를 잡으면 좋겠다는 말씀이시군요. 사실 5등 정도만 해도 잘한 것 아닌가 생각했거든요. 근데 팀장님이 그렇게 말씀하시니까, 음… 4등은 어떠세요? |
| 이 팀장 | 지금 말하는 거 보니까 신중하게 접근하는 분인 것 같아요. 그래서 말하면 꼭 지키겠구나 하는 생각이 듭니다. 그래서 조심스럽게 말하는 것조차도 신뢰가 가요. |
| 성 과장 | 그렇게 말씀해주시니 감사합니다. 지금은 제가 순위에 따른 목표 금액이 어느 정도인지 잘 모르는 상태니까, 조금 더 파악한 다음에 생각보다 벅차다고 판단되면 4등, 도전해볼 만하다고 판단되면 3등으로 조정하는 과정을 거치면 좋겠습니다. |
| 이 팀장 | 역시 성 과장님은 말을 내뱉으면 지키고자 하는 마음이 분 |

96

명한 사람이네요. 5등은 거뜬하겠어요.

**성 과장**  아하하… 5등은 반드시 해야겠네요.

**이 팀장**  이야기를 나눠보니 신뢰감이 생깁니다. 무턱대고 1등 하겠다고 선언하기보다는 조사해보고 3등도 도전해볼 만하면 하겠다고 말해주니까 더 믿음직해요. 영업팀에 왔으니 앞으로는 그렇게 목표를 분명히 해주면 좋겠습니다. 이야기를 나누면서 정리하고 싶은 게 있어요. 구매팀에 있을 때와는 다르니까 영업을 잘하려면 어떤 것들을 해야 할까 생각해야 할 거예요. 스스로에게 다짐한다는 게 있다면, 뭐가 있을까요?

**성 과장**  원래는 8시 50분에 출근했는데, 새로운 팀이고 배워야 할 것도 있다고 생각됩니다. 그래서 올해 1년은 좀 더 일찍, 8시쯤 출근해서 준비해볼까 합니다. 제가 과장이니까 회사에서도 기대하는 게 있을 텐데 올해는 더 부지런해지려고요.

**이 팀장**  결심이 대단한데요?

**성 과장**  5등 하려면 이 정도는 해야 하지 않을까요? 팀장님과 이야기하고 나니까 막연했던 것들이 명확해지는 것 같고 또 팀장님이 신경써 주시는 게 느껴져서 저도 든든합니다. 그동안 마음에 있던 부정적인 느낌도 많이 가시고 잘할 수 있을 것 같습니다.

**이 팀장**  이제 막 왔으니까 오늘은 이 정도만 이야기하고, 지내면서

| | 어려운 것이 무엇인지, 해결해야 할 것이 무엇인지 계속 함께 커뮤니케이션해요. |
|---|---|
| 성 과장 | 알겠습니다, 팀장님. |
| 이 팀장 | 오늘 대화하면서 믿음직한 사람이라는 느낌을 받았어요. 부지런히 배우겠다는 구체적인 실행 계획도 갖고 있고 목표도 확실하게 정하고… 좋은 영업사원으로 성장하겠다는 기대가 됩니다. |
| 성 과장 | 기대를 저버리지 않도록 열심히 하겠습니다. |
| 이 팀장 | 그래요. 고마워요. |

99

## 상황은 달라도
## 코칭의 효과는 같다

앞서 나온 상황극은 그야말로 100점짜리 코칭이다. 여러분도 동의하는가? 독자들 중에는 그저 회사에서 일어나는 평범한 대화가 왜 100점인가 싶겠지만, 여기에는 코칭이 갖춰야 할 모든 기술들이 들어 있고 그것이 제대로 작동하고 있다. 어느 부분이 점수를 줄 부분인지 복습해보자.

"성 과장님, 혹시 저랑 이야기할 시간이 있어요?" 허락받기

"그러면 반가운 마음보다는 의아하고 약간 걱정스러운 마음

이 더 컸겠네요" <sup>감정 읽어주기, 마음 알아주기</sup>

"여러 가지로 복잡했겠지만 결론적으로 성 과장님이 여기서 잘해야지 하고 마음먹은 걸 보면 긍정적이고 적극적인 마인드를 가진 분으로 보여요." <sup>숨어 있는 강점 및 성품 찾아주기</sup>

"좋은 기회이니 우리 회사에서 영업이라는 것에 대해 한번 생각해볼 시간이 필요할 것 같아요. 그냥 우리가 막연하게 상상하는 영업이 아니라, 지금 생각하기에 영업이 어떤 의미이고 우리 회사에 어떤 가치를 지니는지, 이런 걸 생각해본다면 어떻게 정리할 수 있을 것 같아요?" <sup>좋은 질문으로 본질에 대해 생각하도록 만들기</sup>

"사람들은 불편해지면 긍정적인 요소를 찾기가 어려운데, 지금 성 과장님이 말하는 걸 보니, 처음에는 불편함을 느꼈지만 현재 상황의 장점을 찾아내고 긍정의 마음으로 전환하는 게 놀랍네요." <sup>인간에 대한 가능성 인정</sup>

"구매에서 배운 것들이 영업하는 데 어떤 도움이 될 수 있을 것 같아요?" <sup>생각의 지평을 여는 질문, 자신감을 향상시키는 질문</sup>

"영업팀에도 이미 잘하는 사람들이 있지만, 성 과장님은 또 남다른 자원을 갖고 있기도 하고… 혹시 아직은 감이 안 잡힐지도 모르겠지만, '올해 이 정도 하면 좋겠다'고 이야기할 수 있다면 그건 어느 정도일까요?" <sup>인정하고 난 후, 목표를 설정하는 질문</sup>

"한편으로 다른 생각도 있는데… 이야기해도 될까요?" <sup>피드백 하기 전 허락 구하기</sup>

"그동안 제가 객관적으로 봐온 성 과장님은 그보다는 더 능력

있는 사람이라고 생각해요." <sup></sup>높여주며 인정하기

"지금 말하는 거 보니까 신중하게 접근하는 분인 것 같아요. 그래서 말하면 꼭 지키겠구나 하는 생각이 듭니다. 그래서 조심스럽게 말하는 것조차도 신뢰가 가요." 긍정적 의도 찾아주기

"이야기를 나눠보니 신뢰감이 생깁니다. 무턱대고 1등 하겠다고 선언하기보다는 조사해보고 3등도 도전해볼 만하면 하겠다고 말해주니까 더 믿음직해요. 영업팀에 왔으니 앞으로는 그렇게 목표를 분명히 해주면 좋겠습니다. 이야기를 나누면서 정리하고 싶은 게 있어요. 구매팀에 있을 때와는 다르니까 영업을 잘하려면 어떤 것들을 해야 할까 생각해야 할 거예요. 스스로에게 다짐한다는 게 있다면, 뭐가 있을까요?" 인정하고 난 후, 구체적인 실행 계획을 세우게 하는 질문

정리해보면 다음과 같다. 상대방의 허락을 구해 코칭 대화를 시작한다. 초반에는 주로 잘 들어주고 이해해준다. 중반부로 넘어가면서 생각하게 하는 질문을 던지고 중간중간 인정해주며, 목표를 더 높이 가져갈 수 있도록 독려한다. 대화는 경청을 기반으로 자연스럽게 이끌어나가며, 더 큰 믿음을 부여하고 숨어 있는 자신의 존재를 찾아내도록 도우면서 훈훈하게 마무리한다.

# 코칭은 반복되면서
# 몸에 밴다

사람마다 성향이 있다. 사례에 나온 성 과장은 팀장이 묻기 전에 일찍 출근해 배워볼 생각을 미리 해둔 것에서도 알 수 있듯이, 성실한 팀원이라서 굳이 코칭을 안 하더라도 어느 순간에는 제 몫을 하는 팀원이 되었을 것이다. 하지만 코칭을 통해 팀과 팀장에 대한 신뢰 관계를 만들 수 있었고 그 덕분에 더 빨리 목표를 이룰 기반을 닦았다고 볼 수 있다. 이를 통해 팀의 목표도 더 빠르게 달성할 가능성이 생겼으니 긍정적인 효과가 배가되었다. 이런 대화가 반복될수록 코칭의 위력은 눈에 띄게 나타날 것이다.

그러고 보니 이 코칭 대화가 언뜻 일상적인 대화처럼 보이기도 한다. 대화라는 게 본래 나와 상대방의 지혜를 모으는 게 목적이 아닐까? 코칭 대화도 결국 그게 목적이다. 어쨌든 조직 내에서 일상적인 대화가 신뢰와 존중이 늘 묻어 있는 코칭 대화처럼 이루어진다면 얼마나 좋을까 생각해본다.

'산은 산이요, 물은 물이로다'라는 선어禪語가 있다. 12세기 초 송나라 청원유신青原惟信 선사의 선화로, 후에 성철 스님이 언급하며 유명해졌다.

내가 30년 전 참선하기 전에는 산을 보면 산이었고 물을 보면 물이었다.

그런데 후에 훌륭한 스승을 만나 깨침에 들고 보니 산을 보아도 산이
아니었고 물을 보아도 물이 아니었다.
그러다가 이제 정말 깨침을 이루고 보니 전과 같이 산은 그대로
산이었고 물은 그대로 물이었다.
사람들이여, 이 세 가지의 견해가 같은 것인가, 다른 것인가? 만약
이를 터득한 사람이 있다면 나와 같은 경지에 있다고 하겠다.

처음에 봤더니 산은 산이고 물은 물이었다.
그런데 자세히 보니 산이 산이 아니고 물이 물이 아니더라.
깨우침을 얻고 보니 역시 산은 산이고 물은 물이더라.

코칭에 대입해보면 이쯤 되지 않을까?

코칭을 처음 배울 때는 코칭 대화는 코칭 대화고 일상 대화는 일상
대화였다.
그런데 공부해보니 코칭 대화는 일상 대화가 아니고 일상 대화는
코칭 대화가 아니더라.
나중에 깨우침을 얻고 보니 역시 코칭 대화는 일상 대화고 일상
대화는 코칭 대화더라.

# 10.
# 습관적으로 '노'를 말하는 팀원과
# 함께 일하는 법

직장을 다니는 모든 사람들 중 힘들지 않은 사람이 있겠느냐마는, 아래에 있을 때는 저 정도만 돼도 괜찮겠다 싶은 팀장의 자리도 막상 되어보면 힘들다. 책임은 늘어나고 그만큼 관리도 늘어나면서 윗사람의 부하팀원으로, 아랫사람의 리더로 역할을 모두 수행해야 하니 어떻게 보면 그중에서도 더 힘들다. 강의를 다니면서 팀장들에게 언제 힘드냐고 물어보면 "다 힘들다"라고 대답한다. 이해 되고 공감도 간다. 하지만 그중에서도 분명히 강약은 있을 것이라서 "그래도 제일 힘든 게 있다면 무엇입니까?"라고 물으면 다음과 같은 대답이 가장 많이 나온다.

"습관적으로 '노no'라고 말하는 팀원이요. 해보지도 않고 '이건 이래서 안 돼요' '저건 저래서 안 돼요'라고 말한다니까요. 마음

같아서는 '회사가 장난이야? 안 되는 게 어디 있어' '해보지도 않고 어떻게 알아?' 하고 화를 내고 싶은데 그렇다고 마음을 고쳐먹을 것 같지도 않으니 그냥 입을 다물고 말죠."

진짜 답답할 노릇이다. 임원은 당장 눈에 띄는 성과를 가져오라고 성화지, 팀원들은 마음같이 안 따라주지, 안 따르는 것을 넘어서 안 된다고 딱 잘라 말하는 게 얄밉기까지 하다. 물론 팀장도 안다. 일을 시킬 때는 그것이 쉽게 할 수 있는 일인지, 실패 확률이 높은 어려운 일인지. 그런데 끝까지 들어보지도 않고, 방법을 찾으려는 노력도 해보지 않고, 일단 안 된다는 말부터 하는 게 직장인의 자세로서 괜찮은가?

물론 그들에게도 성향이 있고 사정이 있다. 내려오는 모든 업무를 다 받았다가 무엇 하나도 제대로 마무리하지 못하는 경우도 있고, 잘 해내고 싶은 책임감에 불가능해 보이는 업무를 만났을 때 두려움이 생겨 거부하기도 한다. 사실 습관적으로 거절한다고는 해도 깊은 속을 들여다보면 거기에는 다 그럴 만한 이유가 있다.

하지만 팀장도 사람인지라 정확한 근거를 가지고 말하면 이해라도 할 텐데, 업무 지시를 내리는 그 자리에서 바로 "힘듭니다" "지금은 하기 어렵습니다" "그렇게 하면 안 될 것 같은데요" "불가능합니다"라고 들으면 감정적인 대응이 나올 수 있다. "두고 보자, 인사평가는 그냥 D다"라는 말이 튀어나오려는 것을 간신히 참고서는 "왜 해보지도 않고 그렇게 대답하죠?" "이 대리는 꼭 안 된다고만 하더라" "최 과장은 항상 부정적으로만 이야기하는 습관이 있어요"라고 내뱉게 된다.

말해놓고 나면 뭔가 찝찝하고… 이럴 때 어떻게 대응하면 좋을까?


## 부정적으로 말하는 팀원의 마음을 알아주며 시작하라

팀장의 지시에 부정적인 반응이 오거나 결론이 안 날때 보통의 팀장은 해결하고 싶은 급한 마음에 다음과 같은 말을 흔히 하게 된다.

"좀 긍정적으로 임해보세요."

"이건 업무 지시니 어떤 결과라도 가져오세요."

이렇게 좀 세게 나가면 뭔가를 해오긴 해올 것이다. 하지만 역시 찝찝하기는 마찬가지다. 또 다른 방법으로 하소연이 있다.

"나도 하고 싶어서 하는 게 아니에요. 위에서 하라고 하는데 어쩌겠어요."

"회사인데, 위에서 내려온 지시를 무시할 수 있나요? 뭐라도 가져가야죠."

그때그때 상황에 따라, 사람에 따라 굴러가게 하는 팀장들만의 방법이 있을 것이다. '저런 말 습관은 별로 안 좋을 거 같은데, 어떻게 하면 도와줄 수 있을까?'라는 마음으로 접근하는 법도 있다. 즉 지금의 일을 어떻게 마칠까에 초점을 맞추는 것이 아니라, 그 사람의 변화와 성장에 초점을 맞추는 것이다.

첫 번째의 강한 말은 보통 팀장들이 즐겨 쓰는 방법이고, 두 번째 하소연하는 방법도 종종 섞어서 쓴다. 그리고 세 번째가 코칭을 동원한 대화법이다. 즉 부정적으로 말하는 것이 팀원 자신의 삶에도 도움이 되지 않는다는 안타까움을 느끼는 것에서 출발하면 좋겠다. 그 출발점에서 시작해서 습관적으로 '노'라고 말하는 팀원을 어떻게 대화하는지 사례를 들여다보자.

―――――――――― 66 ――――――――――

**박 팀장**　　김 대리, 이거 다음 주 수요일까지 보고해야 해요.

**김 대리**　　네? 수요일이요? 이건 시간이 많이 필요한데요. 안 될 것 같습니다.

**박 팀장**　　수요일까지는 어렵다고요?

**김 대리**　　네, 팀장님. 다음 주 수요일에는 불가능합니다. 적어도 2주는 필요합니다.

**박 팀장**　　그렇구나. 갑자기 수요일까지 하라니 막막했겠어요.

**김 대리**　　아, 네… 현업 생각 안 하시고 그냥 일을 던져주시는 것 같아서요….

**박 팀장**　　김 대리는 말하면 꼭 지키는 사람이잖아요. 그러니까 일정이 조금이라도 어렵다 싶으면 어렵다고 분명하게 말하는 것 같아요.

**김 대리**  네, 팀장님.

**박 팀장**  지난번 월말 보고를 할 때도 일주일 정도 시간을 주고 하자고 했을 때 어렵다고 했죠. 그런데 사정을 논의한 끝에 어쩔 수 없다고 판단해서 일주일 만에 해왔는데, 기억하죠?

**김 대리**  네, 기억합니다.

**박 팀장**  그때도 지시받을 때 어렵다고 이야기했고, 오늘도 어렵다고 말하는 거 보니까, 김 대리는 업무 지시를 받으면 '안 된다'고 먼저 이야기가 나오는 느낌이 드네요.

**김 대리**  제가요? 그건 아니고요. 실제로 시간상 안 될 것 같아서 안 된다고 말씀드리는 건데요.

**박 팀장**  지금 보면 본인은 그 짧은 시간에 생각을 거쳐서 안 된다고 말했다고 인식하는 것 같아요.

**김 대리**  네, 팀장님. 안 될 거 같아서 말씀드리는 것뿐입니다.

**박 팀장**  하지만 저번 경우를 보면 안 된다고 이야기해놓고, 실제로는 기한 내에 했잖아요.

**김 대리**  그렇긴 합니다. 저번에도 안 된다고 했지만 결국 기간 안에 했으니….

**박 팀장**  그런 경우에, 듣는 나로서는 심사숙고하고 모든 걸 고려한 다음에 이야기했다기보다는 좀 어렵겠다 싶으면 그냥 바로 '어렵다'고 말하는 것처럼 보여요.

| 김 대리 | …그럴 수도 있을 것 같습니다. 안 된다고 말씀드리기 전에 한 번 더 생각해봐야 할 필요가 있을 것 같습니다. |
|---|---|
| 박 팀장 | 한 번 더 생각해본다고 하니 반가워요. 그러면 앞으로 이런 상황이 또다시 온다면 어떻게 다르게 해볼 수 있을까요? |
| 김 대리 | 일단 '안 되는데요'라는 말이 팀장님께는 무겁게 들리는 거 같으니 '팀장님, 이러이러해서 제 생각이 이런데 어떠세요?'라고 물어보면 어떨까 싶습니다. |
| 박 팀장 | 짧은 시간에 깊이 생각해줘서 고마워요. 그럼 앞으로 그렇게 해줄 수 있겠어요? |
| 김 대리 | 전에도 안 된다고 해놓고 해냈는데도 제 말투가 오히려 점수를 깎아먹은 느낌이 드니, 노력해보는 게 좋지 않을까 싶습니다. |
| 박 팀장 | 지금 그렇게 생각 정리해주고, 구체적으로 바꾸겠다는 의견 반갑고, 앞으로 그렇게 해주면 정말 좋겠어요. |
| 김 대리 | 알겠습니다, 팀장님. |
| 박 팀장 | 한 가지 더 이야기해도 될까요? |
| 김 대리 | 네, 팀장님. |
| 박 팀장 | 생각은 어떤 것이라도 자유롭게 할 수 있어요. 그건 좋은데, 말로 하게 되면 그것이 우리의 무의식에 영향을 미친다는 것이 전문가들의 의견이거든요. 계속 '어렵습니다' '안 됩니다'라는 말을 선택할 수도 있고, '생각해보겠습니 |

다'라는 말을 선택할 수도 있어요. 그런데 어떤 말을 하느냐에 따라 우리의 무의식에 촬영된다는 거예요. '어렵습니다' '안 됩니다'라는 말을 촬영할지, '한번 생각해보겠습니다'라는 말을 촬영할지는 김 대리에게 선택권이 있어요.

**김 대리**　어떤 언어를 선택하느냐에 따라 무의식이 영향을 받는다는 말씀이시죠?

**박 팀장**　그렇죠. 안 된다고 말하면 계속 더 부정적인 사람으로 바뀔 수 있다는 점이 걱정되는 거죠.

**김 대리**　네, 알겠습니다. 제 언어 습관을 주의해서 개선해보겠습니다.

**박 팀장**　이렇게 잘 알아차리는 김 대리라서 든든합니다.

———————————— 99 ————————————

## 먼저 듣고 나서
## 말하라

이 대화를 통해 우리가 짚고 넘어가야 할 부분은 여섯 가지다. 첫째, 코칭 대화에는 인정이 필요하다.

"김 대리는 말하면 꼭 지키는 사람이잖아요. 그러니까 일정이 조금이라도 어렵다 싶으면 어렵다고 분명하게 말하는 것 같아요."

이 대화는 중요한 포인트다. 왜 중요할까? 팀장이 문제점을 개선하려고 들면, 팀원들은 잘할 때는 한마디 없더니 뭐 하나 잘못하면 물어뜯는다고 생각한다. 그러니 평소에 잘 지켜보고 있으며, 좋은 점도 잘 알고 있다는 인식을 줘야 한다. 이것이 인정이다. 특히 인정을 초반부에 해주면, 대화의 마음 문이 열린다. 일단 그 문을 열어야 대화로 들어갈 수 있다.

둘째, 코칭 대화에는 경청이 필수다. 앞의 박 팀장과 김 대리의 대화에서는 어떤 것이 경청일까?

"수요일까지는 어렵다고요."

"갑자기 수요일까지 하라고 해서 막막했겠어요."

이런 표현의 말들이 경청이다. 알아주고 감정을 읽어주는 것이다. 그래야 상대방의 입에서 '예스yes', 즉 '네'가 나온다. 또한 눈을 마주쳐주기, "음, 음" 소리 내주기, 고개 끄덕여주기 등도 넓은 의미에서 경청이라고 할 수 있겠다. 이런 것들이 복합적으로 작동해야 대화가 자연스럽게 흘러간다.

셋째, 뭔가를 이야기하고 싶을 때는 허락을 구해야 한다.

"한 가지 더 이야기해도 될까요?"

이 부분이 눈에 들어왔는가? 허락받지 않고 조언해주면 무조건 잔소리가 된다. 상대방이 그러라고 한 다음에야 비로소 내 안에 있는 이야기를 해야 한다. 물론 너무 길면 곤란하다. 짧고 임팩트 있게 하자. 잔소리와 충고의 차이는 딱 하나다. 바로 '길이'다.

넷째, 목표를 확실히 정하게 해야 한다.

"한 번 더 생각해본다고 하니 반가워요. 그러면 앞으로 이런

PART 2. 초보 팀장에게 필요한 핵심 기술

상황이 또다시 온다면 어떻게 다르게 해볼 수 있을까요?"

바로 이 부분이다. 팀원으로부터 고치겠다는 말만 듣고 끝내면 안 된다. 구체적으로 어떻게 할 것인지 스스로 답하게 해야 하는데, 그 방법으로 이 질문을 사용하면 좋겠다. "구체적으로 어떻게 해보고 싶어요?" "이전과 다른 모습은 어떤 모습일까?" 등의 질문으로 머릿속에 행동의 변화가 그려지게 하는 과정이 필요하다.

다섯째, 마지막은 항상 인정으로 끝내야 한다.

"이렇게 잘 알아차리는 김 대리라서 든든합니다."

끝이 좋으면 다 좋다. 대화가 생산적이었다는 것을 한 번 더 확인함으로써 상대방과 내가 괜찮은 관계이며, 좋은 방향을 향해 간다고 정립하는 의미에서 마지막의 인정은 꼭 필요하다.

마지막으로, 순서가 중요하다. 알아주고 인정해주고 들어준 다음에 허락을 구한 뒤 내가 하고 싶은 이야기를 해야 한다. 내가 하고 싶은 이야기부터 하고 나서 들어주면 효과가 없다. 보통 팀장이나 리더들은 좋은 뜻으로, 조심스럽게 "그렇게 부정적으로 살면 안 돼"라는 이야기를 시작한다. 이는 질 것을 정해놓고 전쟁을 시작하는 것이나 진배없다. 그러니 알아주고 들어주고 나서, 그래도 꼭 이야기해야 할 것이 있다면, 마지막에 허락받고 진행하면 좋다.

## 팀장과 팀원은
## 함께 가야 할 동료

　습관적으로 안 된다고 말하는 사람이라 판단한 이유는 그동안에 수많은 사례가 있었기 때문에 그런 사람으로 내가 인식한 것이다. 1년 전에도 안 된다고 말했고, 한 달 전에도 안 된다고 했으며, 지난주에도 안 된다고 말했을 것이다. 하지만 그런 사례를 일일이 열거해도 상대방을 불편하게 할 뿐, 효과를 보기는 어렵다. 우리가 이루고자 하는 목표가 팀원을 불편하게 하는 것은 아니니, 그보다는 분명하게 인식하고 있을 사례를 가지고 대화하는 편이 효과적이다. 본인이 동의할 수 있는 사례 한 개를 가지고도 내 생각을 충분히 전달할 수 있다.

　"현수 씨가 그때 '노'라고 해서 내가 그렇게 느끼는 것 같습니다"라고 편하게 이야기할 수 있다. 그러니 '서로 동의할 수 있는 사례를 가지고 대화를 풀어보아야 한다. 팀장은 보통 팀원이 한두 번 잘못했을 때 바로 피드백하지는 않는다. 그래서 피드백을 할 때 '너는 늘 그래, 그걸 고쳐줘야겠어'라는 마음이 드는 것은 당연하다. 하지만 이런 판단이 전달되는 순간 코칭은 물 건너간다.

　"그 팀원은 잘못 뽑았어."

　맞을 수도 있다. 하지만 관계 속에서 대화를 통해서 그를 성장시킬 수 있다면, 헤어질 때 헤어지더라도, 한 사람으로서 그의 성장에 기여하고 헤어져도 되지 않을까? 사람들이 바보라고 습관처

## 112

럼 놀렸지만 평강 공주만은 믿어주고 인정해줌으로써 결국 고구려 최고의 장군을 만든 것처럼, 회사 내에 사람들이 다들 "그 팀원은 안 돼" "글렀어" "저 사람은 늘 불평이야"라고 하는데, 팀장이 자신에게 관심 갖고 믿음을 주고, 자존심을 세워주면서 성장시키려 노력한다면 어떨까?

코칭이 그런 일이라는 말이다. 바쁜데 언제 그런 일을 하고 있느냐는 원성이 글을 쓰는 중에도 들리는 듯하다. 팀장들이 바쁜 것을 왜 모르겠나? 시간도 촉박하고 목표 달성은 힘들고… 그러니, 팀장들에게 코칭은 도전이다. 좋은 팀장을 넘어서 위대한 팀장으로 가는 쉽지 않은, 하지만 충분히 가치 있는 도전이다. 팀원들이 '딱 월급만큼만 일하고 싶다'고 하소연하는 것처럼, 팀장들도 '좋은 팀장, 위대한 팀장이 되느라 고생하기 싫다'고 생각할 수 있다. 그냥 '나쁜 팀장' 소리만 안 듣는 만큼 일하고 싶다는 하소연이 들리는 듯하다.

하지만 생각해보라. 팀원이 팀장을 고를 수 없는 것처럼, 팀장도 팀원을 입맛대로 고를 수 없다. 어차피 함께 가야 할 팀원이라면, 좀 더 마음 맞춰 일할 수 있도록, 팀의 목표에 기꺼이 동의하고 따라올 수 있도록 만들면 팀장도 편해진다. 그러기 위한 코칭이다. 그런데 조직 내에 코칭의 효과를 보는 팀원이 있는가 하면, 그렇지 못한 팀원들도 분명 있다. 이 차이는 신뢰의 수준에 달려 있다. 신뢰 수준이 바닥이면 코칭은 효과를 볼 수 없고 신뢰 수준이 높으면 코칭의 효과도 금방 나타난다. 여기서 말하는 신뢰란 상호 신뢰를 의미하지만, 그 믿음을 주기 시작하는 출발점은 팀장이다. 누군가가 나를 믿으면 나도 그를 믿게 된다. 팀장이 먼저 철저하게 한 방향으로 신뢰하고 표현함으로써 팀원의 신뢰를 얻는 것이다. 좋은 코칭 대화에는 신뢰의 표현이 늘 묻어 있기 때문에 코칭 대화를 잘하는 것이 상호 신뢰로 가는 길이기도 하다.

# 11.
# 실수에 대해
# 오해 없이 대화하는 법

'또라이 질량 보존의 법칙'이라고 들어봤는가? 10명의 팀원이 있다면, 그중 한 명은 '또라이'이고 다섯 명 중에도 한 명이 있을 수 있으며, 만약 당신의 팀에 또라이가 없다면 당신이 바로 그 사람이라는 우스갯소리지만, 실제 직장인이라면 웃고 지나칠 수 없는 이야기다. 불특정 다수가 모여서 하나의 목표를 위해 일하고 있는 조직에서는 어느 곳이나 예외 없이 함께 일하기 힘든 사람이 있기 마련이다. 이것은 팀장에게도 예외는 아니다.

보통 팀원이 10명 정도라고 치면, 그중에 여덟 명 정도는 늘 괜찮다. 문제는 두 명 정도가 쉽지 않다는 것이다. 물론 우리 팀원은 모두 우수하고 성격도 좋다는 팀장들도 가끔 본다. 그들은 복받은 사람들이다.

'또라이 질량 보존의 법칙'이라는 말은 웃자고 만든 말이지만, 이것이 실제로 회사에 적용되는 법칙이 있다. 바로 이탈리아의 경제학자 빌프레도 파레토 Vilfredo Pareto 가 발견한 현상에서 이름을 따온 파레토 법칙이다. 소위 8대2 법칙으로 알려진 이 법칙은 상위 20%가 전체 생산의 80%를 해낸다는 것이 기본이지만 역으로 하위 20%가 팀에서 일어나는 사고의 80%를 친다고 해도 들어맞는 말이다. 그러니 팀장의 입장에서 이 20%가 잘하는 것까지는 아니더라도 평균만 해주길 바라는 마음이 얼마나 간절할까? 팀장이 20%의 팀원에게 몇 번 '좋게' 말해보기도 하지만, 효과가 당최 없다. 그러다 보면 '모르겠다' 할 만큼 했다'며 놓아버리게 된다. 이 일부 팀원은 팀장에게는 계륵이다. 같이 가자니 쉽지 않고, 버리자니 그럴 수도 없다.

## 표정이 드러나는 팀원과 어떻게 일할까

그런 팀원들이 흔히 보이는 특징 중 하나가, 바로 자신의 감정을 드러낸다는 것이다. 실수가 있어서 지적했는데 얼굴에 기분 나쁜 티를 전면적으로 보이는 팀원이 있다면 어떻게 해야 할까? 그런 팀원을 대하는 전략을 논하기 전에 먼저 팀장과 팀원의 마음 상태를 들여다보자.

**실수를 지적하는 팀장의 마음** '실수도 참을 수 있는 수준이 있는데, 선을 넘었다.'

**지적받은 팀원의 마음** '실수를 지적당하는 팀원에게도 참을 수 있는 선이 있는데, 팀장이 먼저 그 선을 넘었으니 나는 당연히 기분이 나쁘다.'

실수를 지적당하면 누구라도 마음이 편하지 않을 것이다. 이것은 순수한 마음의 작용인데 이를 겉으로 드러내지 않길 바라는 건 무리한 기대다. 지적당하면 기분 나쁠 거라는 건 충분히 예상되는 수순이다. 그러다 보면 지적하는 말을 할 것인지 말 것인지, 그것이 바로 리더들의 고민이 된다. 지적했는데 서로 기분만 나쁠 뿐 받아들여지지 않으면 괜히 관계만 악화될까 걱정이다.

관계를 위해서 참아야 하나? 관계가 깨지더라도 지적을 해야 하나?

조지프 그레니Joseph Grenny가 쓴 《결정적 순간의 대화Crucial conversations》에서는 이 둘 중 하나를 선택하는 것을 바보들의 선택 fool's choice 이라고 표현한다. 어느 것을 선택해도 팀을 망치는 선택이라는 것이다.

'어떻게 하면 관계를 깨지 않고 내가 원하는 지적을 분명히 할 수 있을까?' 이게 바로 팀장이 늘 들고 있어야 할 화두요, 경책이다.

마음가짐과 올바른 방향으로의 고민이 장착되었다면, 본격적으로 어떻게 대화해야 하는지 살펴보자. 이야기는 미소를 띠고 시작하라.

**한 팀장** 　이 과장님, 제가 이야기 좀 듣고 싶어서 불렀어요.

**이 과장** 　네, 팀장님.

**한 팀장** 　이 이야기를 해도 될지 모르겠어서 제가 좀 조심스러워요. 이 과장님이 잘 받아들일 수 있을지 모르겠네요.

**이 과장** 　말씀하셔도 됩니다, 팀장님.

**한 팀장** 　어제 이 과장님이 팀원들에게 실수하는 말을 해서 내가 조용히 뒤에서 불러서 이야기했잖아요. 팀원들에게 그렇게 하면 곤란할 것 같다고. 그때 보니까 표정이 너무 불편해하는 것 같아서 조금 걱정이 되었습니다. 내가 말한 게 오히려 마이너스였을까 싶어서. 하여간 나도 좀 불편하기도 하고…. 그래서 오늘은 그 일로 이야기를 좀 나누고 싶어요.

**이 과장** 　그때는 제가 맞다고 생각해서 그걸 팀원들에게 이야기했는데, 팀장님께서 그렇게 이야기하셔서 사실 좀 당황스럽기도 했습니다.

**한 팀장** 　그랬을 것 같아요. 같이 일하는 팀원들에게 본인이 맞다는 기준에서 필요한 말을 했다고 생각했는데 팀장이 '그렇게 하면 도움이 안 될 것 같다'고 이야기했으니 답답하고 불편하고 오해받은 느낌도 있었을 것 같아요.

**이 과장** 　네, 저도 선임으로 팀원들 잘 이끌고 싶고 팀장님께도 잘

**118**

보이고 싶어서 했던 건데, 팀장님께서 그렇게 말씀하시니까 사실은 좀… 그랬어요.

**한 팀장**  무척 속상했을 것 같아요.

**이 과장**  맞아요, 팀장님. 제 노력을 알아주시지 않은 것 같아서 섭섭함도 느껴지고 ….

**한 팀장**  네, 본인 좋으라고 한 게 아니라 우리 팀 전체를 위해서 필요한 이야기를 한다고 생각했는데 그 일로 팀장에게 한 소리 들었을 때 많이 불편했겠어요.

**이 과장**  아… 불편한 마음도 있기는 했지만 팀장님께서 눈치를 채실 만큼 티를 냈나 싶은 게, 그날은 제가 좀 많이 감정적으로 휩쓸렸었구나 하는 생각도 듭니다.

**한 팀장**  그렇게 생각해주니 역시 이 과장님답네요. 제가 이 이야기를 꼭 해야겠다는 이유가 하나 더 있는데, 해도 될까요?

**이 과장**  네, 팀장님.

**한 팀장**  이런 상황(싫은 소리를 들으면 얼굴에 드러나는)이 제가 지각하기에는 반복되는 것 같아요. 우리는 얼마든지 실수할 수 있고, 실수한 것에 대해 불편하면 불편하다고 이야기도 할 수 있고, 그걸 받아낼 수 있는 힘까지 있었으면 좋겠어요. '이 과장이 잘못했다' '사람이 나쁘다' 이런 게 아니라, 상사로서, 팀장으로서 해주고 싶은 말을 했는데 그것이 본인의 생각과 일치하지 않는다고 판단할 때, 내가 보기에 아주 심한 반응을 보이는 일이 몇 번 있었던 것 같아요. 어제

한 번이면 그냥 지나갈 수 있지만, 이런 일이 반복되어서 일어나는 것 같은 느낌이 드니까 이야기를 해주고 싶었던 겁니다.

**이 과장**   한 번이 아니었군요?

**한 팀장**   스스로는 잘 지각하지 못했나 보군요.

**이 과장**   어제는 제가 인지하긴 했는데, 그 외에는 별다른 말을 못들어서…. 팀장님께서 자주 그랬다고 하시니까 덜컹합니다. 회사의 다른 팀원들이 그동안 날 어떻게 생각했을까 싶고요. 앞으로 그런 부분에 대해서 조심해야 할 것 같습니다.

**한 팀장**   음… 그래요. 이왕 노력을 하겠다니까, 어떤 노력을 할 수 있을지 좀 궁금하네요. 그러기 위해서 팀장이 이야기할 때, 혹은 다른 누가 이야기할 때 힘든 감정 같은 것이 급격하게 표현되는데, 그걸 어떻게 할 수 있을까요? 어떤 노력을 할 수 있을 것 같아요?

**이 과장**   저는 감정적인 동요가 일면, 일단 말 안 하고 자리를 피해버리는 습성이 있는데, 앞으로는 그런 상황이 발생하면 그 자리에서 의식하고 상대방이 이런 이야기를 해서 내 기분이 이렇다고 솔직하게 말을 꺼내는 것도 좋은 방법일 것 같습니다.

**한 팀장**   그래요. 일단 그 자리를 피해도 감정은 쌓이니 그걸 묵혔다가 폭발시키기보다 오히려 그편이 좋을 수 있을 것 같아요. 내가 무척 당황스럽다, 오해를 받은 것 같아 불편하다고 그 자리에서 이야기하면 서로 풀어질 수 있는 상황이 되지 않을까요?

**이 과장**  네, 팀장님. 또 그런 상황이 오면 팀장님께도 조언을 구하겠습니다.

**한 팀장**  그래요. 저도 최선을 다해서 함께 고민하도록 하죠. 오늘 이야기하면서 분명하게 알게 된 것이 있다면 어떤 게 있을까요?

**이 과장**  일단 가장 크게 느낀 건, 팀장님이 참 세심하다는 점일까요. 저의 불편해하는 모습을 보시고, 이런 자리를 만들어 이야기를 꺼내주시는 모습이 크게 와닿았습니다. 그리고 저도 모르게 감정이 확 드러나서 다른 사람들이 불편해할 수 있다는 점을 모르고 있었는데 앞으로 조심해야겠는 생각도 했습니다.

**한 팀장**  그래요. 제가 불편한 이야기를 했는데도 이렇게 크게 불편해하지 않는 지금 이 순간이 전환점인 것 같아요. 그래서 기대가 되고, 앞으로도 불편하면 불편하다고 이야기를 하는, 말로 표현하는 사람이 되면 좋겠어요.

**이 과장**  네, 알겠습니다. 감사합니다.

"

## 대화의 첫마디에
## 신뢰 수준이 결정된다

이런 불편한 대화를 할 때 가장 중요한 점은 '신뢰'다. 이는 앞서 여러 번 강조한 이야기지만, 신뢰 수준이 아직 만족할 만한 수준이 아니라고 해서 이런 상황을 못 본 체 넘길 수도 없다. 따라서 이야기를 시작하기에 앞서 신뢰를 한 단계라도 높일 수 있는 언어의 사용이 중요하겠다.

대화의 성공 여부는 첫 마디를 어떻게 여느냐가 결정한다고 해도 과언이 아니다. 꽤 불편한 상황에서도 내 마음, 내 의도, 상대방이 어떻게 받아들일까를 고민한 흔적 등을 포함해서 꺼내게 된다면, 대화는 이미 절반쯤 성공한 거나 다름없다. 그런 의미에서 한 팀장의 "이 이야기를 해도 될지 모르겠어서 제가 좀 조심스러워요. 이 과장님이 잘 받아들일 수 있을지 모르겠네요"라는 말은 코칭 대화를 여는 탁월한 시작이다. 물론 그전에 "이야기 좀 듣고 싶어서 불렀어요"라는 말도 그냥 흘려보낼 수 없다. "이야기를 하고 싶어서 불렀다"가 아니다. 이 둘 사이에 어떤 차이가 있을까?

듣는 사람의 입장에서 상대방의 "이야기를 하고 싶어서"는 '당신은 아무 말 말고 듣기만 해라' '이야기하는 것은 나'라는 무의식적인 해석을 가능하게 한다. 따라서 '이야기를 듣고 싶어서'라고 말하는 것이 상대방의 무의식적인 해석을 예방할 수 있다. 말 한마디가 이렇게나 큰 차이가 있다. 그러니 어려운 이야기들을 꺼내고 싶은 리더라면, 꼭 리더가 아니라 하더라도, 그런 상황이라면 이렇게 말을 시작해보자. 이야기를 듣고 싶어서 불렀다고 말이다.

둘째, 대화의 본 주제를 꺼낼 때는 사실, 생각, 제안 순으로 진행하라. 우리는 앞서 대화는 사실-생각-질문(요청)으로 이루어진다는 내용을 살펴봤다. 본격적인 대화로 들어갈 때는 질문 대신 제안으로 진행하면 된다.

"어제 이 과장님이 팀원들에게 실수하는 말을 해서 내가 조용히 뒤에서 불러서 이야기했잖아요. 팀원들에게 그렇게 하면 곤란할 것 같다고(사실). 그때 보니까 표정이 너무 불편해하는 것 같아서 조금 걱정이 되었습니다. 내가 말한 게 오히려 마이너스였을까 싶어서. 하여간 나도 좀 불편하기도 하고…(생각). 그래서 오늘은 그 일로 이야기를 좀 나누고 싶어요(제안)."

이런 과정을 통해 불편한 이야기를 최대한 부드럽게 이어갈 수 있다. 그 어떤 공격적인 의도 없이 자연스럽게 사실을 말하고 그 사실에 대한 생각을 이야기한 후에 대화의 목적 달성을 위한 제안을 한다. 이를 응용한 사례를 살펴보자.

사례 1 이 대리가 이번 달에 지각을 세 번 했더라고요(사실). 성실하고 책임감 있는 이 대리인데, 혹시 요 근래 내가 모르는 일이 있나 걱정도 되고요…(생각). 그래서 그 일로 이야기 좀 나누고 싶어요(제안).

**사례 2** 어제 상무님께서 주신 프로젝트를 한번 해보자고 했더니 "이걸 왜 우리가 해야 해요?"라고 했잖아요?(사실) 그러지 않아도 일 많은 이 과장에게 또 짐을 주는 것 같아 조심스러웠는데, 막상 이 과장의 반응을 듣고는 좀 실망스러웠어요.(생각) 그 일에 관해서 이야기를 나누고 싶은데 어때요? (제안)

과일을 깎을 때는 과도를, 빨래를 할 때는 세탁기를 사용하는 것처럼, 불편한 이야기를 시작할 때는 사실-생각-제안이라는 프로세스를 사용해보자.

## 잘못을 지적할 때는 지적을 수용할 수 있는 분위기 먼저

셋째, 상대방이 본인의 잘못을 제대로 인지하지 못했더라도 이를 지적하면 안 된다. 마음은 급하겠지만, 천천히 돌아가도록 하자. 사례에서 이 과장이 "한 번이 아니었군요?"라고 깨닫는 장면이 있다. 어렵게 주제를 꺼낸 팀장의 마음에 뭔가가 욱하고 올라오는 순간이다. 이때 팀장은 어떻게 대응해야 할까? "진짜 몰랐어?" "너무 하지 않아?" "당신은 그게 문제야" 같은 말들이 무의식적으로 나올 수 있으니 조심하자. 대신 이렇게 이야기하자.

"스스로는 잘 지각하지 못했나 보군요."

이야기를 긍정적인 방향으로 이끌어가기 위해서는 상대방을 무한 긍정해주어야 한다. 상대방이 그렇게 생각하고, 그렇게 받아들이는 것은 옳고 그름의 문제가 아니다. 그러니 그냥 인정해주자. 그렇게 수평적 대화를 완성해나가자.

넷째, 이야기를 하다 보면 빨리 내 목적을 꺼내고 싶을 때가 있다. 그렇더라도 내 이야기를 하기 전에 상대방을 먼저 인정해주어야 한다. 시작을 잘 열면 신뢰감이 생기고, 그 신뢰감을 바탕으로 대화는 자연스레 진행될 것이다. 그래도 유념해야 할 것이 있는데, 그것이 대화의 전반부에는 무조건 그 사람의 감정과 생각을 알아줘야 한다는 점이다. 이것을 어떻게 실행할까? 바로 내 입으로 상대방의 감정과 생각을 말해주는 방법이다.

"그때는 제가 맞다고 생각해서 그걸 팀원들에게 이야기했는데, 팀장님께서 그렇게 이야기하셔서 사실 좀 당황스럽기도 했습니다."

"그랬을 것 같아요. 같이 일하는 팀원들에게 본인이 맞다는 기준에서 필요한 말을 했다고 생각했는데 팀장이 '그렇게 하면 도움이 안 될 것 같다'고 이야기했으니 답답하고 불편하고 오해받은 느낌도 있었을 것 같아요."

"네, 저도 선임으로 팀원들 잘 이끌고 싶고 팀장님께도 잘 보이고 싶어서 했던 건데, 팀장님께서 그렇게 말씀하시니까 사실은 좀… 그랬어요."

"무척 속상했을 것 같아요."

"맞아요, 팀장님. 제 노력을 알아주시지 않은 것 같아서 섭섭함도 느껴지고….'"

"본인 좋으라고 한 게 아니라 우리 팀 전체를 위해서 필요한 이야기를 한다고 생각했는데 그 일로 팀장에게 한소리 들었을 때 많이 불편했겠어요."

특히 마지막에 '본인 좋으라고 한 게 아니라'는 표현은 상대방의 선한 의도를 알아줬다는 데 의의가 있다. 상대방은 그것 때문에 더 억울하고 불편한 마음이었는데 이를 팀장이 알고 있다고 생각하는 순간 무장해제가 된다. 그리고 이제 대화의 90%는 끝났다고 봐도 되겠다. 내 목적을 직접 꺼내지 않아도 이렇게 상대방의 입을 통해 내 의도대로 이끌어가는 것이 탁월한 코칭 방법이다.

이제 팀원은 팀장이 무슨 이야기를 어떻게 해도 다 받아들일 준비가 되어 있다. 팀장이 자신의 마음, 생각, 의도 등에 대해서 전부 알고 있다고 인정했으니까.

다섯째, 코칭은 목소리도 중요하다. 실제로 대화를 나누는 상황에서는 좀 더 인상적으로 전달되어야 하는 부분이 있다. '제가 지각하기에는' '제가 보기에' '그래요'라는 부분은 목소리를 조금 더 크게 말하는 편이 효과적이다. 왜 그럴까?

'제가 지각하기에는'이라는 말을 하는 것과 하지 않는 것은 어떤 차이가 있을까? 만약 팀장이 "이런 상황이 반복되는 것 같다"고 이야기하면 팀원은 어쩌면 '반복이요? 그건 팀장님 생각 같은

PART 2. 초보 팀장에게 필요한 핵심 기술

데요'라고 생각할 확률이 크다.

"이런 상황이 제가 지각하기에는 반복되는 것 같다"고 하게 되면 사실의 여부를 떠나 '팀장의 인지'로 받아들이게 된다. 사소한 조언이지만, "내가 지각하기에 이런 상황이 반복되는 것 같다" 보다는 "이런 상황이 내가 지각하기에는 반복되는 것 같다"가 더 효과적이다. '반복'이라는 단어가 상대방의 감정을 스멀스멀 불러일으키게 할 결정적인 단어이기에, 바로 앞에 쓰는 것이 더 효과적이다. 목소리에 대해 조금 더 언급하자면, 커뮤니케이션 이론에서 빼놓을 수 없는 앨버트 머레이비언<sup>AlbertMehrabian</sup> 박사의 7%, 38%, 55% 규칙을 살펴보자. 이는 메시지 전달은 말이 7%, 목소리 톤이 38%, 얼굴 표정이 55%를 차지한다는 이론이다. 그러므로 말도 말이지만, 목소리와 몸짓까지 같이 해주면 훨씬 효과적이다. 이제 중요한 말은 힘주어서, 제스처를 섞어가며 해보도록 하자.


## 답은 본인이
## 가장 잘 알고 있다

여섯째, 좋은 이야기만 하고 끝낼 것이 아니라, 향후 어떻게 할지 구체적으로 논의하도록 하자.

"이왕 노력을 하겠다니까, 어떤 노력을 할 수 있을지 좀 궁금하네요. 그러기 위해서 팀장이 이야기할 때, 혹은 다른 누가 이야기할 때, 힘든 감정 같은 것이 급격하게 표현되는데, 그걸 어떻게 할 수 있을까요? 어떤 노력을 할 수 있을 것 같아요?"

이게 코칭 대화의 진짜 힘이 아닐까. 해결책을 찾는 것, 그것도 스스로 찾게 하는 것 말이다. 보통 리더들이 이 상황에서는 "그럼 다음부터는 불편하면 불편하다고 이야기해줘"라고 해결책을 말하는데, 같은 해결책이라도 내가 직접 말하느냐와 상대방이 말하게 하느냐에 따라 참여도에서 전혀 다른 결과를 가져온다. 당연히 내가 말하는 것보다, 상대방이 말하는 것이 훨씬 더 효과적이다.

사람은 누구나 자신의 자유를 침해받는 것을 싫어한다. 책상에 앉아 책상 정리를 하려고 마음먹었는데 "책상 정리 좀 해라"라는 이야기를 들은 것과 똑같은 상황이다. 이야기를 해주는 팀장 입장에서는 '잘 알려줬으니 이제 바뀌겠지' 하는 기대를 하겠지만, 팀원의 변화가 눈에 보이지 않는다. 그러면 잘 알려줘도 하지 않는 팀원이라는 인상이 남아 팀장과 팀원의 사이는 멀어지게 되고 코칭도 점차 줄어든다. 이런 경우가 있다면 다시 한번 되짚어보자. 혹시 대화의 마무리에 본인이 해결책을 말하고 마무리했는가? 그럴 때는 반성하고 기억하자. 팀원에게 해결책을 말해주고 싶을 때는 이야기하지 말고, 질문하라.

"당신이 그렇게 자각했다면 어떻게 해보고 싶은가?"

이쯤에서 코칭을 마무리 지어도 좋다. 다만 플러스알파를 기대한다면 한 가지 질문을 더 던지자.

"오늘 이야기하면서 분명하게 알게 된 것이 있다면 어떤 게 있을까요?"

이 질문이 어떤 효과를 가져올지는 굳이 설명하지 않아도 될 것 같다. 그 대신 오늘 대화에서 가장 중요했던 부분을 복습해보겠다. 다음 중 어느 것이 팀장에게 도움이 될까?

A 방식 "이 과장은 내가 이야기할 때마다 매번 그래요"라고 말하고 "어제만 해도 그랬죠"라고 덧붙이는 것.

B 방식 있었던 분명한 사실을 먼저 이야기해서 동의를 얻은 후에 "그게 한 번이 아니에요"라고 접근하는 것.

가끔 A 방식으로 접근하는 팀장들이 있는데, B 방식으로 접근하기를 추천한다. A는 반발심을 일으키며 시작하는 방식이다. B처럼 분명한 사실로부터 시작하면 논쟁이 벌어지지 않는 법이다. 이런 미묘한 차이를 안다면 정말 탁월한 팀장이 될 자격이 충분하다. 안다는 것의 효과는 상상을 초월한다. 모르고는 변화가 시작될 수 없지만 알아서 변화하기 시작한다면 그 끝은 아무도 모르기 때문이다.

# 12.
# 기분 나쁘지 않게
# 피드백을 성공시키는 법

팀원이 불만을 티 나게 표시하는 행동을 할 때가 있다. 전화기를 '쾅' 내려놓는다거나, 볼펜을 휙 던져버린다거나, 마우스를 콱콱 움직인다거나, 급기야 회의 중에 볼일이 있다며 회의실을 나간다거나 하는 상황들이다. 그래도 이런 큰 행동들은 눈에 띄기 때문에 주의를 줄 수도 있다. 문제는 그보다 훨씬 모호한 상황들이다. 뭐라고 하는지는 모르겠지만 혼자 중얼거리며 일하거나, 볼펜 심을 계속 딱딱거린다면 주변에 있는 사람들은 다소 거슬릴 수 있다. 혹은 앉아 있는 자세가 거의 사장님 자세에 가까울 정도로 편하게 있다거나, 팀장이랑 이야기하는데 짝다리를 짚고 팔짱을 끼고 있는 상태는 굳이 지적하기 어렵다. 물을 마시는데 호로록거리는 소리를 낸다거나. 일은 별로 하고 있지 않은 것 같은데, 개인 카톡이

나 전화를 자주 하는 것 같은 상황 또한 주의를 주기도 굉장히 애매하다.

이런 상황을 그냥 넘어갈 수만은 없다는 생각에 준비없이 대화를 시작했다가는 "아닌데요!" "저 그런 적 없는데요!" "왜 그런 사소한 것까지 관여하시는 거지요?"라는 소리를 들을 수도 있고, 자칫 '직장 내 괴롭힘'이 언급되는 골치 아픈 경우가 생길 수 있다.

그렇다고 가만히 두고본다면 그래도 되는 줄 안다. 그게 맞는 행동인 줄 알고 있기 때문에 반드시 피드백을 해야 한다. '고치라 마라'의 피드백이 아니다. 행동을 고칠지 말지는 상대방이 선택하게 해야 한다. 이런 상황에서 피드백을 할 때 중요한 점은 화를 내는 게 아니라 '화가 났음을 알려줘야 한다'라는 점이다. 무슨 말인지 잘 와 닿지 않는가? 보통 말하는 사람이 화를 내면, 상대방도 화를 받게 되고, 그 화를 없애기 위해 어떤 '액션'을 취할 것이다. 그게 '태업'일 수도 있고, HR팀을 찾아갈 수도 있고, 직장 내 괴롭힘으로 신고하는 것일 수도 있다.

절대 화를 내지 말자. 대신 '리더가 화가 났다'라는 것은 알리고, 전달할 필요는 있다. 그렇다면 어떻게 전달해야 할까? 그 대한 자신의 느낌을 전달하자.

"김 대리가 이런저런 상황 속에서 이렇게 행동하더군요. 그걸 보는 저는 좀 불편하고, 힘들었어요."

"사람들에게 이 일이 얼마나 중요한지 설명하고 있는데, 김 대리가 책을 탁 덮고, 한숨을 크게 내쉬는 걸 들었어요. 그때 내 말이 무시당하는 것처럼 여겨져서 상처받았네요."

여기서 중요한 것 하나를 더 말해보겠다. 피드백을 할 때에 언급하기가 정말 조심스러운 사안이면 '분명한 이유를 찾을 때까지는 함부로 이야기하면 안 된다'라는 것이다. 그리고 정말 누가 봐도 사과해야 할 상황이라 생각될 때, 바로 그때 말해야 한다.

"이번 일에 대해 김 대리가 이렇게 말하고, 이렇게 행동하는 것이 불편하게 느껴졌어요. 일부러 그런 건 아닐 것 같은데, 내가 말한 게 거절당한 것 같고, 그리고 팀원들에게 나의 권위가 무시된 것 같다는 느낌까지 받았어요."

이 정도의 얘기는 해줄 필요가 있다. 이건 잘못했다고 비난하는 게 아니다. '네가 이유가 있어서 그렇게 했을 거라고 믿으려고 해. 하지만 그런 행동에 내가 속상했다는 이야기야' '불안하고, 상처도 받았다. 그건 네가 잘못해서가 아니라, 그런 상황이 오면 나는 상처받는 사람이고, 불안해지는 사람이다'라는 느낌을 전달하게 된다.

그러니 너무 조심할 필요는 없다. "너의 이런 행동이 내게는 속상하고, 화도 좀 나더라"라고 이야기해주는 것은 상대방을 비난하지 않으면서 나의 감정을 표현하는 방법이다. 상대방이 비난 받는다고 오해할 수는 있다. 하지만 정말 비난하지 않으려고 노력하면서 내 감정을 표현하고 나면 상대방이 혹시 오해해서 불편해하더라도 바로 공감해 줄 수 있게 된다. 내가 화가 난 상태를 알려주어야 한다. 화, 서운함, 속상함, 억울함 등 이런 감정들이 주는 모든 불편함은 내 것일 뿐이다. 내가 그렇게 느끼는 것은 당연하다.

다만 '너 때문이 아니야! 그건 나의 어떤 욕구 때문, 존중받고 싶은 욕구 때문에 화가 난 거야'라는 뜻을 실어서 전달해야 한다. 따라서 "존중받지 못한 것 같아서 화가 나더라고요!"도 쓰기에 괜찮은 표현이다.

리더가 배포가 두둑하고, 한없이 너그러운 사람이면 안 그럴 수도 있겠지만 '나는 그런 사람이 아니니 상처받았다'라는 것을 알려줄 필요는 분명히 있다. 이후 팀원은 그제야 "그때는 제가 잘못했습니다!"라는 사과를 하거나 변명할 수도 있다. "아니, 그게 아니라요⋯"라고 한다면 그 변명도 잘 받아줘야 한다. "그런 의도였구나!" "이러이러해서 그랬던 거구나" 등의 요약, 반복, 강조 등의 방법으로 받아주면 된다. 이어서 대화를 생산적으로 하려면 "앞으로 우리가 이런 일이 벌어지지 않으려면 어떻게 하면 좋을까?" "다음에 혹시 내가 어떤 것을 잘했으면 네가 그런 행동을 하지 않을 수 있을까?"라는 질문으로 마무리하면 된다.

분명한 것은, 잘 지켜보고 있다가 '사과받을 수 있겠다' 싶은 것에 대해서는 피드백이 들어가야 한다는 점이다. 너무 조급해하지 말자. 리더가 피드백하고 싶은 내용은 대부분 일회성 행동에 대한 것이 아니다. 지금 피드백을 주는 게 중요한 것이 아니고, 그의 행동에 변화를 일으키는 게 중요하지 않은가? 분명한 기회가 올 때까지 기다리자.

그런데 이 시점에 "이런 부분에서 사과받고 싶다"라는 말을 하는 것은 조심해야 한다. 이 말은 '네가 잘못했다'라는 판단을 포함하고 있기 때문이다. "나는 너의 이런 행동을 보고, 이렇게 느꼈어"라고 말하는 것까지는 괜찮다. 하지만 "사과해야 해, 네가 잘못했어"라고 말하는 것은 느낌이 조금 다르다. 사과를 받고 싶다는 식의 언급은 가급적 말하지 않아야 한다. 사과하고, 하지 않고는 상대방의 몫으로 남겨두자.

상대방의 행동에 대한 내 생각을 이야기하고, 알려주는 것만으로도 본인이 깨달음을 얻고, 인정할 포인트가 생기게 될 것이다. 아래 상황과 사례를 살펴보자.

**상황** 팀장이 뭔가를 부탁했는데, 하기 싫다는 식으로 서류철을 탁 덮더니 가버린다.

**사례 1.** "김 대리가 서류철을 탁 덮고 가는 걸 보니까 내 말이 받아들여지지 않고, 수용하기 힘들고, 답답한 상태인 것 같아요"(알아주기)

**사례 2.** "김 대리가 일부러 그런 건 아닐 텐데, 김 대리의 그 행동에 내가 무안하고, 상처도 받았어요"

위와 같은 상황에 대해 팀장은 먼저 알아주기와 팀장의 생각을 이야기하는 게 좋다. 그런 뒤에 팀원이 하는 말을 잘 들어주고, 받아주는 게 우선이며 마지막에는 이렇게 대답하면 좋을 것이다.

1. "이런 일이 안 일어나게 내가 어떻게 해주면 좋겠어?"

2. "난 사실 앞으로 우리가 이런 일이 벌어지지 않았으면 좋겠는데, 어떻게 하면 좋을까?"

3. "앞으로 이런 일이 다시 없으면 좋겠는데, 네 생각은 어때?"

피드백을 진행하려고 할 때는 꼭 '행동에 대한 내용이 중심'이어야 한다. 사람을 바꾸려 하면 안 된다. 사람 잘 안 바뀌기 때문이다. 또한 사람은 안 바뀌지만, 사람의 행동은 바뀔 수 있다. 계절은 잘 안 바뀌지만, 날씨는 바뀌듯이 말이다.

# PART 3.
# 팀은
# 팀원이 이루고 있다

# 13.
# 무기력한 팀원을 어떡하지?

회사에는 무기력한 팀원들이 있다. 업무를 지시하면 "네, 알겠습니다" 하고 시원하게 대답하는 것도 아니고, 알았으면 알겠다, 모르면 모르겠다고 말해야 팀장이 도와주든 말든 할 텐데 애매한 태도를 보인다. 그렇다고 가져오는 성과나 결과물들이 만족스러운 것도 아니니 신경이 쓰일 수밖에 없다. 더 큰 문제는 그들의 그런 모습이 팀 전체의 분위기에 영향을 미친다는 것이다. 팀의 분위기를 등한시해서는 안된다는 것을 아는 팀장으로서는 이걸 가만히 두고 볼 수만은 없다. 그렇다고 어떻게 해보자니, 변화될 것 같지도 않고 답답할 노릇이다.

대답을 잘했으면 좋겠다고 타일러보고, 문제 있느냐고 확인해보고, 힘내라고 격려도 해보고, 도와줄 부분이 있는지 어르고 달래

보아도 변화의 기미가 보이지 않는다. 업무 시간 내내 병든 닭처럼 있다가, 5시나 6시 퇴근 시간이 되면 마치 다른 사람처럼 벌떡 일어나서 퇴근한다. 책임감 있게 일하며 조직을 위해서 헌신해온 팀장으로서는 이해하기가 쉽지 않다. 일을 통해 이루려는 삶의 이상이 없고 그저 현재의 삶에 안주하고 있는 모습으로 보여 안타깝기도, 한심하기도 하다.

답답해서 주인의식을 가지라고 충고하면 아마도 십중팔구는 속으로 '주인만큼 돈을 주든가' 할 것이다. 그렇다고 내버려둘 수도 없다. 이런 문제를 해결하는 것도 팀장의 책무다.

해결을 위한 첫 단계는 먼저 자신의 마음을 바꾸는 것이다. 무기력한 사람은 없다. 무기력하게 보일 뿐이다. 회사에서 무기력한 사람을 뽑았겠는가? 면접 당일에 임원들이 모여서 우리 회사는 무기력한 사람을 원하니 최고로 무기력한 사람을 뽑아보자고 결의했을까? 그래서 무기력한 사람의 특징으로 면접관 질문에 대답을 제대로 하지 않는 사람, 고개를 숙이고 바닥을 보는 사람을 합격시켰을까?

어떤 사람을 뽑았을지는 굳이 생각해볼 필요도 없다. 태도가 바르고 눈에 총기가 있으며 귀를 기울여 잘 듣고 질문에 명확한 목소리로 답하는 사람, 회사의 미래를 맡길 수 있을 만큼 이상이 높은 사람을 신중하게 선별했을 것이다.

과거 취업시장에서 우스갯소리로 '면접장에서 이 말 하면 꼭 합격한다'는 발언이 있었다.

| 참치 회사 | 물안경과 오리발만 주십시오. 태평양에서 참치 떼를 몰고 오겠습니다. |
|---|---|
| 타이어 회사 | 타이어의 모든 바람은 제 입으로 불어 넣겠습니다. |
| 자동차 회사 | 자동차 충돌 실험은 본인이 직접 탑승한 후에 보고서 제출하겠습니다. |
| 전력 회사 | 고무장갑만 주십시오. 비 오는 날 전봇대 위에 올라가서 끊어진 전력선을 복구하겠습니다. |

말도 안 되는 발언들이라 웃음이 나오지만, 내가 면접관이라면 대동소이한 지원자들 중에 이 같은 발언을 하는 사람이 있다면 눈길 한번이라도 더 가고 기억에 남았을 것 같다. 저 발언이 합격의 열쇠가 되지는 않았겠지만, 조건이 뛰어난 사람들 가운데 우열을 가리기 힘들다면 합격으로 기울었을 수도 있다.

이처럼 면접관들은 열정에 차 있고 하고자 하는 의지가 있으며, 대답을 충실하게 하는 지원자를 뽑는다. 무기력한 사람으로 보이는데 합격시키는 경우는 단연코 없다.

더 중요한 것은, 어떤 상황 속에서 무기력한 모습을 보인다고 해서 그 사람이 무기력한 사람은 아니라는 것이다. 일단 의식부터 바뀌어야 출발의 실마리가 보인다. 감겨 있거나 엉클어진 실뭉치의 첫 머리를 실마리라고 하는데, 엉켜 있는 실을 풀 수 있는 시작이 실마리라면 무기력하게 보이는 팀원의 해결책이 되는 실마리는 바로 '마음의 전환'이라 할 수 있겠다. 즉, 나에게 지금 무기력하게 보이는 것이지 본래 무기력한 사람은 아니다. 이렇게 내 마음을 바꿔야 코칭 대화가 시작된다.


## 눈빛이 초롱초롱하던
## 신입사원이 사라진 이유

'저 태도는 고쳐야 해'라는 마음은 팀원을 변화로 이끄는 동기부여와는 거리가 멀어도 한참 멀다. 내 머릿속에 있는 해결책을 가지고 지시하는 모습만 가져올 뿐이다. 그리고 고치려고 달려들면 팀원은 여지없이 도망갈 것이다. 팀원이 열의 없는 태도를 보이는 데는 이유가 있다. 그도 처음부터 그랬던 것은 아니었을 테다. 열심히 일하려 하지만 보이지 않는 벽에 부딪히고 부서 간 이기주의에 마음이 벌어졌을 수도 있다. 불합리한 관행을 바꿔보려 했지만 '튀어나온 못' 취급당해서 좌절했을 수도 있다. 또한 이런 이유들의 복합적인 작용으로 지쳐서 번아웃 burnout 상황에 이르렀을 것이다. 그렇다면 아마 더 열심히 일한 사람일수록 아이러니하게도 더 빨리 번아웃에 이르게 될 것이다. 어쩌면 가정사나 그 밖의 개인적인 사정으로 힘들어할 수도 있다. 이렇게 그가 그렇게 변한 사정이나 상황에 대해 궁금한 마음을 갖는 것이 출발점이다.

팀장이 해야 할 두 번째 일은 자연스럽게 이어진다. 마음을 변화시켰다면 다음 단계로는 생각을 하라. '왜 무기력한 모습을 보일

PART 3. 팀은 팀원이 이루고 있다

까?' '뭐가 힘들지?' 팀원의 어려움을 알아주는 것이다. 함께해준다는 느낌이 들면 그들은 자연스럽게 이야기를 꺼내게 될 것이다. 그들이 무엇 때문에 힘든지, 왜 기력이 없고, 심지어 번아웃 상태에 이르렀는지를 말이다. 문제가 확인되면 팀장이 해야 할 일은 간단해진다. 정리할 것은 정리해주고 도와줄 게 있으면 도와주면 된다.

2단계로 마무리해도 무방하지만 더 욕심을 낸다면 팀원의 성장, 나아가 팀의 성장을 위한 3단계 비법도 있다. 더 근원적으로 파고들어 '꿈' '비전'에 접근해보는 것이다. 2단계를 통해 팀장과 팀원의 관계가 가까워졌을 때 비전을 찾도록 도와준다면, 현재의 무기력함은 물론 미래에 찾아올 무기력함까지 스스로 이겨낼 수 있는 근원적인 방법이 될 수 있다.

꿈이 있는 사람, 비전이 있는 사람은 쉽게 지치지 않는다. 비행기를 만든 라이트 형제Wright brothers가 그러했다. 자전거 수리점을 운영하던 형제는 하늘을 날고 싶다는 꿈 하나로 벌어들인 돈을 쏟아붓고, 주말까지 시간을 온통 투자했다. 그들은 전문적인 교육을 받은 것도 아니었고 돈이 많지도 않았으며, 기업이나 정부의 지원을 받지도 않았다. 그런 그들이 계속되는 실패에도 굴하지 않고 계속 도전할 수 있었던 것은 단지 '하늘을 날고 싶다'는 비전 때문이었고, 이로 인해 기력이 넘치고 열정적이었으며 지치지 않았다. 그 결과 마침내 인류 최초로 비행기를 만들어 하늘을 날았다. 이와 같은 '성장의 비전'을 찾게 도와주는 것이 팀장, 즉 리더의 중요한 역할이다.

## 비전은
## 체크리스트가 아니다

꿈과 비전에 관해서는 주의해야 할 점이 하나 있다. 우리가 어렸을 때 꿈이 뭐냐는 질문을 받아서 변호사가 되고 싶다고 대답했다고 하자. 그러면 어른들이 그 꿈을 이룰 수 있도록 도와주면 좋을 텐데, 대부분의 어른들은 단순히 체크리스트로 사용하고 만다.

"그렇게 공부해서 변호사 될 수 있겠어?"

"이렇게 게임만 해서 어떻게 법대를 들어가니?"

"말로는 변호사가 될 거라고 하지만 너는 말뿐이야."

팀에서도 마찬가지다. 꿈이나 비전, 목표를 이야기해도 형식적인 과정이 될 뿐, 당장의 급한 일을 하느라 누구의 꿈과 비전에도 관심이 없다. 회사에서 꿈이나 비전을 이룰 수 있게 도와주기는커녕 일을 떠넘기거나 지적하는 도구로 사용하는 경우가 많다 보니 팀원들이 자신의 비전이나 목표를 팀장에게 이야기하지 않게 된다. 이야기를 안 하니 팀장은 팀원들에게 "비전이 없어" "목표가 없어"라고 말하게 되고, 그러면 팀원은 더 무기력해지는 악순환에 빠진다. 팀원의 목표와 비전에 관심을 가지고 지원해주어야 한다. 그게 무기력하게 보이는 팀원들이 팀장에게 원하는 것이다.

비전을 찾을 수 있도록 어떻게 도와주어야 할까? "당신의 비전이 무엇입니까?"라고 물어볼 수도 있다. 하지만 입사 면접에서 이런 질문을 받았다면 열심히 대답하겠지만, 기존 팀원 중에 여기에 바로 대답하는 사람은 극소수에 불과할 것이다. 접근은 조금 더 간접적인 방법이 효과적이다. "옛날에 어떤 걸 좋아했어요?" "평소에 중요시하는 가치는 무엇이죠?" 이런 질문들로 스스로 생각하게 만들면, 좋아하는 것과 중요하게 여기는 가치를 깨닫게 된다. 그게 비전을 생각하게 하고, 잠시라도 비전을 갖게 하는 데 도움이 된다.

잘 변하지 않는 가치와는 다르게, 좋아한다는 건 감성이 작용하는 것이어서 언제나 변할 수 있다는 점을 잊지 말자. 머리로부터 나온 매출이나 이익률 같은 목표는 합당한 이유가 없는 한 그대로 유지되지만, 가슴에서 나온 비전은 예고 없이 변할 수 있다. 그리고 변하는 것이 정상이다. 그러니 팀원의 비전을 찾아주려고 할 때, 명료하고 영원불변한 것에 대한 욕심을 버리자. 팀원이 스스로 '이런 걸 해보면 좋을 것 같아요' '이 길을 가보면 좋을 것 같아요' '그런 방향으로 생각해보니 긍정적인 것 같아요' 하는 수준이어도 훌륭하다.

## 목표에
## 자극을 주는 질문

코칭에서는 다음과 같은 질문들로 비전이나 목표를 자극하는 것이 좋다고 이야기한다.

"당신에게 가장 중요한 인생 목표는 무엇입니까?"

"1년 시한부 생명이라면 무엇을 하고 싶은가요?"

"80세의 생일에 사람들이 당신에 관해 어떻게 이야기하면 좋겠습니까?"

"돈이 정말 많다면, 무엇을 하고 싶은가요?"

"한 달의 자유 시간이 주어진다면 무엇을 하겠습니까?"

"오래전부터 도전하고 싶었는데, 여건 때문에 도전하지 못한 것이 있나요?"

"어떤 일을 할 때 자부심을 느끼나요?"

"실패할 위험이 전혀 없다면, 어떤 것을 당장 해보고 싶은가요?"

"조직에서 어떤 사람으로 기억되고 싶은가요?"

"모든 지원이 가능하다면, 조직에서 어떤 것을 성취해보고 싶은 가요?"

스티븐 코비 Stephen Covey 가 쓴 《성공하는 사람들의 7가지 습관 The Seventh Habits of Highly Effective People》이라는 책에서는 사명과 비전을 세울 때 다음과 같은 질문에 대답하는 것으로 출발한다.

have = 무엇을 갖고 싶은가?

do = 무엇을 해보고 싶은가?

be = 어떤 사람이 되고 싶은가?

순서에 관해 무엇이 먼저여야 한다는 이야기는 없었지만, 모름지기 대화는 쉽게 풀리는 게 최고선이다. 대답하기 쉬운 have, do, be 순서로 질문해보는 것도 좋을 것 같다.

무기력한 팀원은 팀에 해가 될 뿐만 아니라 팀원 자신에게도 부정적인 영향을 미친다. 팀장의 입장에서 그런 팀원을 접하게 되면 고쳐야 한다는 생각이 앞선다. 하지만 그 팀원이 처음부터 무기력했던 것은 아니라는 점을 잊지 말아야 한다. 실마리는 언제나 '내 마음의 전환'이다. 무기력한 것이 아니라, 그가 나에게 무기력해보이는 것이다. 거기서 출발하자.

# 14.
# 지저분한 책상,
# 못 본 척해야 하나?

요즘 팀원들은 개성이 풍부하다. 다들 솔직하고 개성이 풍부하다 못해 넘쳐서 팀장들은 팀원들의 특성을 파악하기 위해 이들 세대를 분석한 책을 읽는 풍경도 펼쳐진다. 나 역시 그 세대를 이해하지 못하는 걸까 하는 고민도 끊임없다. 하다못해 책상을 지저분하게 해놓은 것도 개성이라고 할까 걱정이다. 책상을 지저분하게 해놓는 팀원이 마음에 걸리는데 그걸 이야기하는 게 맞나 싶은 것이다. 왜 퇴근할 때 책상 정리를 안 할까?

옛날에는 "책상 좀 깨끗이 하고 다니세요" "책상 깨끗한 사람이 일도 잘하는 법이야" 하고 쉽게 말할 수 있었고, 또 그렇게 하면 먹혔지만 지금은 그렇지 않다. 직장 환경도 변했고 직장인들도 세대가 바뀌었다. 그렇다고 책상이 지저분하고 온갖 자료가 보란 듯이 펼쳐져 있는 것을 내버려두자니 계속 신경 쓰인다.

요즘 팀원들은 "책상 정리 안 하고 퇴근하면 안 됩니까?" "꼭 책상을 정리하고 퇴근해야 하나요?" 하고 말할 수 있다. 일만 잘하면 되지 책상 정리가 뭐 중요할까 하는 생각일 것이다.

아무리 생각해봐도 참 난감한 상황이다. 이럴 때일수록 정신을 바짝 차리자. 우선 말을 하자니 조심스럽고 안 하자니 안타까운 마음이 든다면 참 괜찮은 사람인 거다. 벌써 좋은 팀장의 자질을 갖추었다. 이것은 적어도 '이건 누구에게나 물어도 기본이야'라는 자기 확신에 빠지지 않고 상대방의 입장과 내 입장을 동등하게 놓고 바라본다는 뜻이기 때문이다.

리더십은 자기인식에서 출발한다. '자기중심성 ego-centrism'이라는 용어가 있다. 자기 입장에서 생각하기 때문에 내가 맞고 상대방은 틀리다는 가정을 전제하는 말이다. 그런데 '내가 틀릴 수도 있으며, 상대방에게는 상대방의 입장이 있다'고 생각하고 있다는 것은 자기중심성에서 벗어났다는 뜻이니 얼마나 희망적인가? 이제 첫발을 떼면 된다.

## 행동을 이끌어내기 위해 해야 할 것

이제 해당 팀원을 고쳐야 할 대상으로 보고 어떻게 고쳐볼까

하는 마음이 아니라, 그의 생각도 들어보고 내 생각도 나누어보자는 마음으로 대화를 시작해보자.

내게는 당연한 게 그에게는 당연하지 않을 수 있다. 예를 들면 어떤 기준을 가지고 책상 정리가 잘되고 안 되었는지를 판단할까 하는 점이다. 모든 일이 그렇듯, 사람마다 기준이 다를 수 있다. 누가 보기에는 정리가 안 되어 있는 것 같은데, 누가 보기에는 '이 정도면 깨끗한 거 아냐?'라고 생각할 수도 있기 때문이다. 한두 개 흐트러진 것도 참지 못하는 사람이 있는가 하면, 책상의 바닥이 보이지 않을 정도로 어질러놔도 무엇이 어디에 있는지 파악하고 있으며, 또 일부러 거기에 뒀다고 말하는 사람도 있다.

여기서 우리가 지켜야 할 기준이 있고 합의된 약속이 있다면 문제는 달라질 수 있다. 그런 상황에서는 책상 정리를 지시해도 오해의 여지가 없을 것이다. 합의된 기준이 없기 때문에 대화가 어려운 것이다. 그럴 때도 해답이 없는 것은 아니다. '내 기준에 의해서는 그런 것 같은데…'라며 자신의 관점을 넣어서 말하는 것이 중요하다. 이를테면 다음과 같이 이야기해보자.

1. 내가 이러이러한 것을 보았다.
2. 내 기준으로 볼 때는 이런 것들이 염려된다. 윤 대리님이 나에게는 뭔가 정리정돈을 못 하는 사람처럼 보인다. 그것이 윤 대리님의 가치를 훼손시키는 것 같다.
3. 윤 대리님의 생각은 어때요?

PART 3. 팀은 팀원이 이루고 있다

이렇게 사실-생각-질문의 순으로 하면 효과적인 피드백이 된다. 필요할 경우, 마지막의 "윤 대리님의 생각은 어때요?"라는 질문을 "나는 윤 대리님한테 이런 것을 요구하고 싶다"라고 질문이 아닌, 요청으로 바꾸어도 되겠다. "적어도 책상 위에 어느 정도 수준까지는 정리해줬으면 좋겠어요"라고 말이다. 다만 요청할 때도 염두에 둘 것이 있다.

"책상을 지저분하게 흐트러뜨리지 말아줬으면 좋겠어요."

이것은 좋지 않은 사례다. 부정적 단어를 사용해 요청하게 되면, 그 요청을 듣는 상대방이 부정적인 생각을 하게 된다. 코칭에서 단어는 가능한 한 긍정적으로 사용해야 한다. 여기서도 부정적인 뉘앙스를 버리려면 '윤 대리의 행동이 잘못되어서 내가 정정해주길 요구하는 것이 아니라, 나에게 이런 기준이 있는데 윤 대리가 그 사정을 봐줬으면 좋겠다'라는 느낌을 줘야 하는 것이다.


## 코칭에 앞서
## 기준을 점검하자


본격적인 사례로 들어가 보자. 김 팀장이 윤 대리를 미팅룸으로 따로 부른 상황이다.

**김 팀장**  윤 대리님이 그동안 업무 처리를 알아서 잘하고 팀에 많은 도움이 되고 있어요. 그런 점이 항상 믿음직해요. 그런데 오늘은 제가 따로 미팅을 요청했는데, 왜 불렀는지 알겠어요?

**윤 대리**  잘 모르겠습니다. 특별히 하실 말씀 있으세요?

**김 팀장**  오늘은 제 생각을 이야기하고 싶어서 그러는데, 들어줄 여유가 있을까요?

**윤 대리**  네, 팀장님.

**김 팀장**  고마워요. 요즘에 윤 대리님 책상을 보면, 윤 대리님은 어떻게 느낄지 모르겠는데, 특히 퇴근할 때 보면 저에게는 정리를 안 하고 후다닥 나간 느낌으로 보일 때가 많아요. 어때요?

**윤 대리**  어… 음… 일부러 그런 건 아닌데, 팀장님께서 그리 느끼셨다고 하니, 아차 싶네요.

**김 팀장**  그래요? 그렇다면 제가 이야기해줄 말이 있을 것 같아요. 만약 문제가 있는지 모르겠다고 하면 나도 난감할 것 같았는데. 정리정돈하는 사람이 꼭 잘사는 사람은 아니지만, 그래도 정리정돈을 잘하는 사람을 보면, 어쩐지 삶도 잘 정리하는 것 같은 느낌이라고 할까… 실제로 퇴근할 때 책상에 서류 같은 것들이 노출된 상태로 있고, 펜을 비롯한 필기구가 널려 있는 걸 보면 가끔 윤 대리님답지 않다는 느낌이 들 때가 있어요. 일 처리는 무척 깔끔한데 왜 그럴까 궁금했어요.

**윤 대리**    제가 퇴근할 때 좀 정리하고 다니면 사람들에게도 좋은 인상을 줄 수 있었을 텐데 그런 부분에서 세심하지 못 했던 것 같습니다.

**김 팀장**    제 말을 제대로 들어준 것 같아 고마워요. 혹시 '내가 어느 정도까지 하겠다'고 생각을 한번 정리해서 이야기해줄 수 있을까요?

**윤 대리**    일단 필기구를 잘 정리해야 할 것 같습니다. 책상 위에 널브러진 것 없이 필통이나 서랍에 잘 정리해놓고 자료나 서류들은 책상 위에 펼쳐 놓는 것 없이 중요한 것은 파일에 보관하고 깔끔하게 한쪽으로 모아놓도록 하겠습니다. 누가 봐도 정리하고 퇴근했다는 느낌이 들도록 할게요.

**김 팀장**    정리되었다는 느낌을 이미지로 표현하면 어떤 느낌일까요?

**윤 대리**    …책상의 4분의 3은 아무것도 없는 그림?

**김 팀장**    일단 본인이 그런 방향으로 가겠다니까 무척 반갑고 고마워요. 사실 분명하게 요청하고 싶은 게 있는데 이야기해도 될까요?

**윤 대리**    네, 팀장님.

**김 팀장**    퇴근할 때 서류는 책상 위에 없었으면 좋겠어요. 특히 보안서류.

| | |
|---|---|
| **윤 대리** | 네, 알겠습니다. 서류들은 서랍 속이나 캐비닛에 보관하고, 특히 보안서류는 더 신경 쓰겠습니다. |
| **김 팀장** | 저는 윤 대리가 '한다면 하는 사람'으로 알고 있어요. 일주일쯤 뒤에 만나서 본인이 스스로 얼마나 잘했는지 그 느낌을 나에게 이야기해주면 좋을 것 같아요. |
| **윤 대리** | 네, 팀장님. 제가 이 부분을 미처 생각하지 못하고 어떤 영향을 미칠지도 예상 못 했는데 알려주셔서 감사합니다. |
| **김 팀장** | 불편하게 여길까 걱정했는데 융통성 있게 받아줘서 고마워요. 그런 점은 팀원들도 그렇고 나도 배워야 하겠어요. |
| **윤 대리** | 감사합니다. |

99

이제 대화의 핵심을 짚어보자. 먼저 대화의 시작은 인정으로 하자.

"그동안 업무 처리를 알아서 잘하고 팀에 많은 도움이 되고 있어요. 그런 점이 항상 믿음직해요." 이 말이 코칭 대화에 들어가는 순간 성패를 결정했다고 말해도 과언이 아니다. 그중에서도 '그동안'이라는 단어가 꼭 필요하다. 그냥 일을 잘한다고 말해도 되지만 '그동안'이라는 말을 넣음으로써 '시간'의 개념과 '지속적'의 개념이 동시에 전달되어, 윤 대리로 하여금 팀장의 말을 받아들일 준비가 되도록 만들어준다.

둘째, 요청하지 않은 호의는 폭력이다. 늘 그랬듯이 호의 역시 먼저 허락을 구해야 한다.

"오늘은 제 생각을 이야기하고 싶어서 그러는데, 들어줄 여유가 있을까요?"

직위가 높다고, 상사라고 해서 어떤 이야기라도 자유롭게 할 수 있는 게 아니다. 때로는 상대에게 그것이 폭력으로 느껴지기도 한다. 인간으로서 존중을 표현하기 위해서라도 허락을 구해야 한다.

특히 이 책의 다양한 사례에서도 등장했듯이, 코칭에서는 팀장이 팀원에게 이야기를 할 때 대체로 두 번 허락을 구한다. 처음에는 코칭이 필요한 부분의 면담을 요구할 때 "오늘 제가 하고 싶은 말이 있는데 이야기해도 될까요?"라고 허락을 구한다. 코칭의 본 주제로 대화가 진행되면 코치, 즉 팀장은 주로 상대방의 말을 경청한다. 그 뒤에 문제를 인지하고 해결책의 제시까지 본인이 직접 이끌어내도록 인도하는 것이 코칭의 길이다. 여기서도 다시 한 번 "제가 이야기를 해도 될까요?"가 나온다. 이 부분이 코칭의 중요 요소 중 하나인 '피드백'을 할 때의 예절이다.

미국에서는 노크 예절을 정확하게 가르친다. 먼저 노크를 한다. 자기가 누구인지 밝힌다. 들어가도 되는지 물어본다. 방 안에서 '오케이' 사인이 떨어지면 방문을 연다. 그런데 우리나라는 어떤가? 먼저 노크를 한다. 그다음에 들어가도 되는지 묻는 과정은 생략되는 경우가 대부분이다. 피드백도 노크와 같다. 무슨 말을 하든, 그 말을 하고 싶다면 먼저 허락부터 받을 일이다.

"제가 이야기해도 될까요?"

이런 질문에 어느 부하팀원이 "아니요"라고 말하겠냐며 그냥 형식적인 멘트로 여겨진다는 말을 들을 때가 자주 있다. 앞의 노크와 마찬가지로 허락을 구하는 말을 하고 대답이 없어도 내 이야기를 하면 겉치레다. 상대방이 "해도 좋다"는 말을 할 때까지 기다리는 건 누가 뭐래도 진심이다. '당신을 존중한다'는 진심.


## 코칭의 대화는 '긍정'이 기본이다


셋째, 피드백은 사실-생각-질문, 또는 사실-생각-요청으로 하자. 이것은 피드백의 공식이니 일단 외워놓자. 그리고 사실 좀 더 깊이 생각해보면, 피드백해야 할 상황들은 대개 비슷하지 않나?

말하기 전에 미리 펜과 종이를 꺼내 그런 상황들에 무슨 말을 어떻게 피드백할지 적어볼 일이다. 적으면서 생각도 자연스럽게 정리된다. 물이 끓어야 라면을 넣을 수 있듯이, 팀원에게 피드백을 해야 한다면 일단 물부터 끓이자. 준비하자는 말이다.

넷째, 피드백의 사실-생각-질문(요청)에서도 인정은 계속되어야 한다.

"가끔 윤 대리님답지 않다는 느낌이 들 때가 있어요. 일 처리는 무척 깔끔한데 왜 그럴까 궁금했어요."

이 대화는 사실이기도 하지만, 아무 생각 없이 들어간 게 아니다. 무언가를 개선해야 하는 상황의 대화인 만큼, 자칫 생각의 발길이 부정적인 방향으로 갈 가능성도 있다. 따라서 중간중간 계속해서 긍정적인 상황으로 끌고 올 필요가 있는데 여기에 가장 효과적인 방법이 인정이다.

다섯째, 진짜 고수의 피드백은 유연하다. 단정적이지 않다. 삐딱선을 타고 있는 팀원이라면, 분명 '정리정돈을 꼭 잘해야 해?'라는 생각을 마음속에 품고 있을 것이다. 그래서 코치형 팀장은 이 상황이라면 반드시 "정리정돈하는 사람이 꼭 잘사는 사람은 아니지만"이라는 말을 한다. 그래야 알아주는 느낌, 이것저것 다 생각하고 말했다는 인상을 줄 수 있다. 이 대화의 가장 중요한 대사라고 해도 과언이 아니다. 코칭을 하면 할수록, 배우면 배울수록, 익히면 익힐수록 '유연한 마음과 태도'의 힘과 중요성이 뼈에 사무친다.

여섯째, 대화는 GROW, 즉 목표 설정-현실 파악-대안 탐색-실행 의지의 순서로 진행해보자. 대화를 잘 살펴보면, 실제 이 프로세스로 대화가 진행됨을 볼 수 있다. 특히 목표를 설정해주는 것이 중요하다.

"혹시 '내가 어느 정도까지 하겠다'고 스스로 생각을 한번 정리해서 이야기해줄 수 있을까요?"

"정리되었다는 느낌을 이미지로 표현하면 어떤 느낌일까요?"

필요하다면 이처럼 생각을 넘어 머릿속에 이미지로 저장시키게 만드는 기술을 구사해보자. 이미지는 글보다 더 잘 기억된다.

일곱째, 목표를 먼저 상대방에게 말하게 한 후에 그것이 리더가 요구하는 수준에 미치지 못할 때는 상대방의 허락을 구한 뒤 요구 수준을 이야기하자.

"일단 본인이 그런 방향으로 가겠다니까 무척 반갑고 고마워요. 사실 내가 분명하게 요청하고 싶은 게 있는데 이야기해도 될까요?"

본인이 선택하고 의지를 보일 수 있도록 만들었지만 여전히 뭔가가 부족하다고 느낄 때, 거기에 덧붙이려면 '이왕 여기까지 왔으니, 조금 더 가자'는 느낌으로 해야 한다. 그런 동기부여 없이 "아니, 서류는 다 치우는 게 기본 아니야?"라는 식으로 이야기하면 과연 일이 잘 풀릴까? 팀 문화가 경직되는 소리가 들리는 것 같다.

마지막으로, 언제나 그렇듯 코칭은 인정으로 끝내라.

"불편하게 여길까 걱정했는데 융통성 있게 받아줘서 고마워요. 그런 점은 팀원들도 그렇고 나도 배워야 하겠어요."

# 15.
# 타 부서와 협업에
# 전투 자세로 임하는 팀원

구글Google에서 2012년 '아리스토텔레스 프로젝트Project Aristotle를 실시했다. '완벽한 팀은 어떤 특성을 가지고 있을까?' '무엇이 완벽한 팀을 만드는 걸까?'에 대한 답을 찾기 위해 심리학자, 사회학자, 통계학자가 참여해 2년간 180개의 팀을 대상으로 3만 7,000여 명의 팀원을 조사하고 분석했다. 이 프로젝트에서 완벽한 팀을 만드는 원칙은 다음 다섯 가지라는 결과가 나왔다.

1. **심리적 안전감**psychological safety 팀원들이 위험을 감수하고 다른 팀원들 앞에서 약점을 드러내도 안전하다고 느낀다.
2. **믿음직함**dependability 팀원들은 제시간에 일을 처리하며, 구글의 탁월함에 관한 높은 기준을 충족시킨다.

3. **구조와 명확성**structure & clarity 팀원들은 명확한 역할, 계획, 목표를 갖는다.

4. **의미**meaning 업무는 팀원들에게 개인적으로도 중요하다

5. **영향력**impact 팀원들은 그들의 일이 중요하며 세상을 바꾸는 영향력을 가지고 있다고 생각한다.

이 가운데서 특히 눈여겨봐야 할 것은 1번 '심리적 안전감'이다. 나머지 네 가지 원칙이 가능해지려면, 1번 심리적 안전감이 전제되어야 하기 때문이다. 심리적으로 안전하다고 느끼지 못하면 팀원을 서로 신뢰할 수도 없고 목표를 세우고 집중할 수 없으며, 업무에 의미를 부여할 수도 없어 결국 자신의 일이 세상을 바꿀 만한 영향력을 발휘할 수 있다고 생각할 수 없게 된다.

## 말이 심리적
## 안전감을 만든다

하버드대 경영대학원의 에이미 에드먼슨Amy Edmondson 교수에 의하면, 심리적 안전감이란 '대인관계의 위험으로부터 근무 환경이 안전하다고 믿는 마음'이라고 정의할 수 있다. 함께 일하는 동료들이 안전하다는 느낌, 업무와 관련해서 상사에게 어떠한 벌을 받거나 보복을 당하지 않을 거라고 믿는 마음이 '심리적 안전

감'인 것이다.

"그걸 아이디어라고 내?"

"김 책임은 늘 고리타분한 이야기만 하더라."

"이걸 보고서라고 써왔어?" 이 정도는 약과다. "보고서를 이 따위로 써오면 어떡해?"라고 이야기하는 팀장도 있다고 한다. '이 따위'라는 말은 '김 책임 나가라'라는 말과 다름없다.

"김 책임은 생각을 하지 마. 내가 시키는 대로만 해."

"그건 2년 전에 이미 시도해본 거야."

"우리 회사는 예산이 없어서…."

"우리 팀은 인원이 부족해서…."

이런 말들도 심리적 안전감을 무너뜨리는 말들이다.

좀 더 코칭적으로 접근해보자면 다음의 말도 좋지 않다.

"좋아, 그런데 말이야. 내 생각은…."

이 문장의 어디가 문제일까. '그런데'라는 단어가 '좋아'라는 말의 진정성을 해치고 있다. 그냥 예의상 쓰는 말인가 보다 하고 생각하게 만드는 것이다. '결국 본인 하고 싶은 말만 하겠다는 거 잖아'라는 생각이 든다.

"넥타이 멋지다. 근데 셔츠 색깔이랑 잘 안 어울린다." 이러면 '넥타이 멋지다'라는 말이 와닿을까?

그래서 구글에서는 새로운 입사자들에게 '좋아요, 그리고 yes, and…'를 꼭 교육시킨다고 한다. '좋은 의견입니다. 그리고…' 이른 바 플러싱 plussing 기법이다. 상대방의 의견에 전적으로 동조하지 않더라도 일단 '좋은 의견입니다, 그리고…'라고 이야기하면서 아이디어를 덧붙여주는 방법이다.

"주 4일제 근무를 해보면 어떨까요?"라고 팀원이 의견을 내면 "그걸 말이라고 해요? 지금 바쁜 거 안 보여요?"라고 대답하지 않고 "좋은 의견입니다. 수요일을 쉬는 날로 하면 좋을 것 같습니다" 하는 식으로 적절한 아이디어를 덧붙이는 것이다. "좋은 의견입니다. 일단 주 4일 출근하고 1일 재택근무를 6개월 정도 해본 다음에 실시하면 좋을 것 같습니다."라고 할 수 있겠다.

코칭에서도 이런 기법들이 가미되면 더 좋을 것 같다는 생각을 해본다. 특히나 요즘은 협업이 중요한 이슈로 떠오르고 있다. 성공적인 협업을 위해 이 기법들이 더 중요하지 않을까? 팀장들이 이런 문제를 고려할 때 고민되는 것은 관련 부서와 트러블을 일으키는 팀원일 것이다.

## 협업하랬더니
## 싸우는 팀원

협업하라고 담당자로 지정해 보냈더니 협업은커녕 상대 쪽 담당자와 전투를 치르고 오는 팀원은 어떻게 코칭해야 할까?

"조 팀장님, 그쪽 팀의 김 책임은 왜 그래요? 늘 화가 나 있는 거 같아요. 부탁을 해도 안 된다고 무턱대고 자르기 일쑤고, 이거원 무서워서 같이 일할 수가 있어야지."

옆 팀의 팀장에게 이런 말을 듣는다면 해당 팀원 김 책임 데려다 놓고 어떻게 이야기해야 할까 고민이 될 것이다. 김 책임과 충분히 신뢰가 쌓인 상태라면 "김 책임님은 말이 너무 전투적이에요. 다른 팀에서 힘들다는데 말 좀 부드럽게 할 수 없을까요?"라고 대놓고 이야기할 수도 있다. 하지만 상호 신뢰가 충분히 구축되지 않은 상황이라면 김 책임이 순수하게 본인이 그랬나 반추해보고 조심해야겠다고 마음을 먹을까? 그러면 다행이지만, 상대방과 일단 한 번이라도 전투를 치른 적이 있다면 누가 자신의 평판을 나쁘게 이야기하고 다녔나 찾으려고 눈에 쌍심지를 켤 테다. 그렇게 해서 상대방을 찾아낸다고 하면 상태는 악화될 게 뻔하다.

그러면 어떻게 이야기하면 좋을까?

일단 대화의 장으로 끌고 가자. 당사자가 그렇게 한 데는 분명히 그럴 만한 이유가 있을 테니까.

예단하지 말자. 그리고 꼭 부정적으로만 볼 일도 아니다. 전투적으로 임한다는 것은 '팀을 위해서 열심히 일한다'는 뜻이 될 수도 있지 않은가? 제대로 한다거나 효과적으로 한다고 판단하기는 이르지만, '열심히 하고 싶은 마음'은 확실하다. '팀을 지키고, 팀장님에게 인정받고 싶은 마음'도 보인다. 리더는 이런 부분들을 높이 사줄 필요가 있다. 그런 바탕에서 대화를 시작해보자. 대화는 앞서 보았던 대로 사실-생각-질문으로 이루어져야 한다. 대화를 어떻게 시작해야 할지 모르겠다면, 떠올리자. 사실-생각-질문.

"김 책임님이 지난번에 프로젝트팀 윤 책임과 이야기할 때 보니까 무척 공격적으로 말하더라고요. 우리의 입장만 챙기는 거잖아요. 상대방 입장도 좀 생각하면서 이야기를 해야 더 설득력 있지 않겠어요?"

이렇게 이야기하면 절대 안 된다. 아래 세 가지 부분을 유의하자.

1. 무척 - 합의되지 않은 단어 사용.
2. 공격적 - 화자의 판단.
3. 우리 입장만 챙기는 거잖아 - 화자의 판단.


## 충분히 들어본 다음에
## 판단하라

대화를 지속하는 데 수긍할 수 있도록 '예스'를 이끌어낼 사실부터 시작해야 한다. 여기 두 가지 사례가 있다.

"다른 팀 팀장에게서 김 책임님과 이야기하는 게 무섭다는 이야기를 들었어요(사실). 그래서 이 부분에 대해 이야기를 나누고 싶은데(생각). 어때요?(질문)"

"다른 팀 팀장에게서 김 책임님과 이야기하는 게 무섭다는 이야기를 들었어요(사실). 그런 이야기를 들으니까 내가 좀 많이 안타깝고 걱정되는 면도 있어요. 앞에선 이기고 뒤에선 지는 것 같은 느낌인데(생각), 어떻게 생각해요(질문)?"

둘 중에 어느 게 더 나을까? 일견에는 두 번째가 더 부드러워 보인다. 물론 둘 다 써도 문제없는 사례이지만, 개인적으로는 전자가 더 자연스럽게 대화를 시작할 수 있을 것으로 보인다. 어떤 일인지 충분히 들어본 다음에, 내 생각이나 감정을 좀 더 본격적으로 드러내도 늦지 않다.

| 조 팀장 | "다른 팀 팀장에게서 김 책임님과 이야기하는 게 무섭다는 이야기를 들었어요(사실). 그래서 이 부분에 대해 이야기를 나누고 싶은데(생각). 어때요?(질문) |
|---|---|
| 김 책임 | 아, 사실 저도 그게 문제여서 고치려고 생각 중입니다. |
| 조 팀장 | 그래요. 김 책임님도 그걸 고치려고 생각하고 있었군요. |
| 김 책임 | 네. |
| 조 팀장 | 제가 보기에는 현재의 상황이 김 책임님이나 부서의 이미지가 소탐대실하는 듯한 느낌이 들어요. |

이렇게 대화가 진행되면 술술 풀려나갈 것이다. 잘 들어주고 의견 제시하면서 후반부에는 "어떻게 해보고 싶어요?"라는 식으

로 코칭 대화를 이끌어 나가면 된다. 문제는 김 책임이 인정하지 않으면서 생긴다. "제가 약하게 나가면 그 일 전부 우리한테 넘어와요"라고 말하기도 할 것이다.

이럴 때 대화가 길어질 텐데, 주의해야 할 부분은 수평적 대화를 해야 한다는 점과 팀원이 심리적으로 안전감을 느껴야 한다는 점이다. 팀원으로 하여금 팀장이 자신을 탓하고 문제 있는 인간으로 보고 있다고 느껴지게 하면 안 된다. 상황을 정리해주고 두 사람의 생각에 어떤 차이가 있는지 확인한 뒤 문제를 어떻게 해결할지 함께 찾아야 한다. 대화하면서 이런 질문도 도움이 될 것이다.

'그들이 어떻게 받아들일 것 같은가?'

'어떤 느낌이 들어서 그렇게 행동하는가?'

본격적인 대화를 살펴보자.

---

"

| | |
|---|---|
| **조 팀장** | 다른 팀 팀장에게서 김 책임님과 이야기하는 게 무섭다는 이야기를 들었어요. 그래서 이 부분에 대해 이야기를 나누고 싶은데, 어때요? |
| **김 책임** | 그래요? 저 안 그런데요? 그리고 만약에 그렇다고 하더라도, 제가 그렇게 안 하면 일이 전부 저희 팀으로 넘어와요. |
| **조 팀장** | 그렇지요. 그러니까 전력을 다해서 이렇게 막고 있었군요. |
| **김 책임** | 네. 맞아요. 우리 팀을 좀 편하게 하려고요. |

PART 3. 팀은 팀원이 이루고 있다

| 조 팀장 | 김 책임님 같은 팀원이 있으니 팀장으로서 참 든든해요. |
|---|---|
| 김 책임 | 알아봐 주셔서 감사합니다. |
| 조 팀장 | 그런데 한편으로는 그런 이야기가 내 귀에 들어오니까 김 책임님과 내가 함께 생각을 나눠볼 필요가 있는 것 같아요. |
| 김 책임 | 저쪽에서 협조적으로 나오지 않으니까 제가 생각하기에도 강하게 나가는 면이 없잖아 있어서, 사실 저도 불편했던 게 사실이에요. 뭘 어느 정도까지 커트하고 어디까지 받아 줘야 하는지…. |
| 조 팀장 | 다른 팀에 강하게 나가면서도 사실은 본인도 편하지 않았고, 긴장되는 마음도 있었군요. |
| 김 책임 | 저도 좋은 소리 듣고 싶죠. 근데 그쪽 팀원들이 일 안하고 떠넘기는 경향이 있어요. 그걸 지적했다고 전투적이라고 하니, 말이 됩니까? |
| 조 팀장 | 그러게요. 일이 제대로 되지 않는데도 내버려두었다가는 나중에 그 일을 다 맡아서 해야 할 수도 있으니 그걸 안 시점에서 가만히 있을 수는 없다는 판단이었겠지요. |
| 김 책임 | 우리는 주말에도 나와서 일하는데, 그 팀 사람들은 6시에 칼퇴근하고 있잖아요. |
| 조 팀장 | 억울할 만하네요. |
| 김 책임 | 네. |
| 조 팀장 | 지금도 많이 바쁜데, 내가 그냥 넘어가는 순간 더 바빠진 다고 생각하면 자기도 모르게 브레이크 거는 말이 나오는 |

경우도 자주 있을 것 같아요. 김 책임님은 각각의 팀이 각자의 역할을 맡아서 서로 균형 있게 일하는 모습을 중요하게 생각하고, 또 그렇게 되었으면 좋겠다는 바람을 갖고 있는 것 같아요.

**김 책임**    그러니까요. 그 팀 사람들이 할 일을 하면, 저도 전투적이지 않죠.

**조 팀장**    그렇지요. 그러니까 살신성인하는 거네요, 지금.

**김 책임**    제가 우리 팀을 위해서 그런 거라니까요.

**조 팀장**    그래요, 그래요. 김 책임님이 그렇게 하는 데는 이유가 있다는 걸 알겠어요. 그렇게 해서 얻으려는 것, 진짜 원하는 게 무엇이라고 생각해요? 무엇을 위해서 행동하는지 생각해봤나요?

**김 책임**    음… 약간 불공평하다는 느낌이요. 우리 팀이 불공평한 대우를 받고 있다? 그런 것들이 억울하기도 하고… 그게 큰 거 같아요.

**조 팀장**    공평하게 일하는 것을 바란다는 이야기네요?

**김 책임**    네.

**조 팀장**    그럴 만하다고 생각해요. 그런데 공평하다는 것은 관점이 있을 것 같아요. 우리 관점과 그들의 관점. 그들이 김 책임을 볼 땐 어떤 느낌으로 볼까요?

**김 책임**    매번 안 된다고 하고, 해달라고 떼쓰고 하니까, 말이 잘 안 통하는 사람? 저 사람과는 말이 안 통하니까 위에다 이야기해야겠다 싶은 사람?

**조 팀장**  그들의 입장에서는 그럴 것 같다는 생각이 들지요.

**김 책임**  네… 그들이 저를 볼 때요.

**조 팀장**  이때 김 책임님이 그들을 보는 관점이 맞을까요? 그들이 김책임님을 보는 관점이 맞을까요?

**김 책임**  음… 둘 다 맞거나, 아니면 둘 다 틀릴 수도 있을 것 같아요.

**조 팀장**  관계라는 게 어느 한쪽의 '이러면 좋다'라는 것에 일방적으로 휘둘리면 좋은 관계는 아니거든요. 서로가 한 점을 향해 가는 것인데 그걸 보는 관점이나 의견은 늘 다른 게 정상이라고 생각해요. 이럴 때 김 책임님이 항상 갖고 있는 책임감과 열의를 통해 그들과 함께 가는 방식은 무엇일지, 그 방식이 있다면 어떤 것들부터 출발할 수 있을지 고민을 시작해보면 좋을 것 같아요.

**김 책임**  사실 화가 나서 전투적으로 했을 때는 팀이라기보다는 개인적인 이유가 더 컸던 것 같기는 합니다. 함께 가는 것을 말씀해주시니, 제가 넓게 바라보지 못했다는 생각이 들어요.

**조 팀장**  아, 그래요?

**김 책임**  경쟁하는 다른 회사가 아니라 같은 목표를 향해가는 한 조직의 부분이니, 같이 뭔가 해야 하는데… 좀 더 크게 생각하고, 좀 더 들어주면 좋을 것 같다는 생각이 듭니다.

| 조 팀장 | 그렇게 생각하고 해결책을 찾아내는 것을 보니 듬직해요. 저는 이런 김 책임님이 팀장을 거쳐 본부장까지 올라갈 거라 확신하거든요. 지금 미리 그 자리에 가볼까요? 그때 책임감 강한 팀원이 열성적이기는 하지만 자기 팀만 위하는 것처럼 보인다면 그 팀원에게 뭐라고 이야기해주고 싶어요? |
| --- | --- |
| 김 책임 | '서로 같이 좀 잘해봐' 이 정도? 근데 팀장님이 주시는 질문에 대답하려고 보니까, 제 행동에 대한 인식이 더 와닿습니다. |
| 조 팀장 | 그래요. 넓게 바라보고 거기에 대한 깨달음이 있었다고 하니, 더 큰 성장이 기대돼요. 어려운 이야기였는데 흔쾌히 받아주어서 고마워요. |
| 김 책임 | 아닙니다, 팀장님. 이야기해주셔서 오히려 감사합니다. |

---

**99**

---

# 중립적으로 시작해
# 깨달음으로 이끌어라

이 대화의 핵심을 짚어보자.

민감한 주제를 다룰 때는 자신의 생각이나 인정 등을 잠시 미루고 완충장치를 주어 객관적으로 시작하는 편이 좋다. 이것은 사례를 시작하기에 앞서 한번 다뤘다.

둘째, 상대방의 이야기를 이끌어내 상황을 들은 후에는 긍정적 의도를 충분히 인정해준다. "그러니까 전력을 다해서 이렇게 막고 있었군요." "팀장으로서 참 든든해요." 상황에 대한 판단은 일단 보류한다.

셋째, 어떤 순간에라도 그 사람을 인정해야 한다. 이야기하다 보면 상대방의 잘못된 점이 보이기도 하고, 또 이 경우에 '공격적인 말투'를 가진 팀원이기에 그 습관이 팀장과 이야기하다가도 나올 수 있다. 이럴 때도 상대방의 긍정적인 의도를 인정해주는 말을 잊지 말자.

"그러니까 살신성인하는 거네요, 지금."

"그럴 만하다고 생각해요."

넷째, 대화에서 어느 정도 원인이 정리되었다면 적절한 시점에 객관적으로 바라보게 할 수 있는 질문을 던져야 한다.

"그런데 공평하다는 것은 관점이 있을 것 같아요. 우리 관점과 그들의 관점. 그들이 김 책임님을 볼 땐 어떤 느낌으로 볼까요?"

"이때 김 책임님이 그들을 보는 관점이 맞을까요? 그들이 김 책임님을 보는 관점이 맞을까요?"

다섯째, 자신을 객관적으로 바라보고 판단하게 하는 질문을 해보자. 내 안의 또 다른 나를 통해 자신을 바라보게 하는 질문은 여기서 다음과 같이 쓰였다.

"저는 이런 김 책임님이 팀장을 거쳐 본부장까지 올라갈 거라 확신하거든요. 지금 미리 그 자리에 가볼까요? 그때 책임감 강한 팀원이 열성적이기는 하지만 자기 팀만 위하는 것처럼 보인다면 그 팀원에게 뭐라고 이야기해주고 싶어요?"

대화의 흐름을 정리해보면, 먼저 상대방의 긍정과 동의를 이끌어내는 중립적인 사실로 대화를 시작한다. 그러고 나서 상대방이 그렇게 한 행동의 근저에 숨어 있는 긍정적 의도에 대해 충분히 인정한다. 그 후에 그 행동들이 미치는 영향에 관해 스스로가 직면할 수 있는 질문을 던진다. 마지막으로 더 큰 주관을 통해 스스로를 바라보게 하는 질문을 던진다.


# 화를 내는 것은
# 도움이 되지 않는다

요즘은 훨씬 덜하지만 아직도 권위적인 태도를 보이는 팀장들이 적지 않다. 소리까지 지르는 경우는 흔치 않지만 화가 가득한 얼굴을 보이기 일쑤다. 화를 밖으로 표출하지 않았는데도 팀원들이 이상하게 무서워한다면서 의아해하는 사람도 있다. 또한 어쩌다 화를 폭발시키고, '그래도 내가 뒤끝은 없잖아?'라며 스스로 위안을 삼기도 한다. 심지어는 자랑까지 한다. 팀은 점점 조용해진다. 팀이 조용하다고 해서 잘 굴러가는 게 아니다. 팀장에게 혼날까 봐, 잔소리 듣기 싫어서 아무 일도 벌이지 않고 주어진 일만 조용조용 하고 마는 것이다. 결속력도 없고 발전도 없다. 팀원의 성장도 없다.

화를 낸다는 것은 잘못된 행동이 아니라, 미련한 행동이라는 말을 들은 적이 있다. 코칭은 화를 낼 틈이 없다. 감정적으로 격앙될 새가 없다. 팀원의 가능성과 잠재력에 대한 믿음을 바탕으로 시작하는데 화가 날 수가 있겠는가? 시간 여행자가 10년 후의 미래에서 와서, 팀장에게 "저 팀원은 10년 후에 빌 게이츠<sup>Bill Gates</sup> 같은 사람이 될 거예요"라고 말했다고 하자. 팀장이 어떻게 그 팀원을 대하게 될까?

경북대 박찬석 전 총장의 일화가 생각난다. 박 전 총장은 대구에서 중학교를 다니던 시절, 반에서 꼴찌를 한 적이 있었다. 자식이 가난을 대물림하지 않기를 바라며 없는 살림에 중학교를 보내주신 부모님에게 부끄러운 성적표를 보여드릴 자신이 없던 그는 성적표를 1등으로 위조한다. 그러자 아버지는 집에 단 한 마리뿐인 돼지를 잡아 동네잔치를 벌였다. 후회막급이었지만 시간을 돌릴 수도 없던 박 전 총장은 그 뒤 완전히 달라져 17년 후에 마침내 대학교수가 된다. 그러고도 말할 수 없던 비밀을 다시 16년이 지난 시점에 고백했더니, 아버지는 당시에 이미 그 사실을 알고 계셨다고 한다. 자식의 위조한 성적을 알고도 재산목록 1호인 돼지를 잡아 잔치를 하신 부모님의 마음이 결국 그를 성공으로 이끌었던 것이다.

로버트 로즌솔 박사는 이렇게 이야기했다.

"리더의 기대만큼 조팀원은 성장한다."

# 16.
# 회의 시간에 집중하지 못하는 팀원

잡코리아 설문조사에 참여한 직장인 중 73.4%가 '회의는 시간 낭비'라고 느꼈다고 한다. 또 대한상공회의소 자료에 따르면, 직장인 10명 중 7명(72.8%)이 '참여한 회의 중 일부는 불필요하다'라고 답했다. 많은 직장인들이 이렇게 생각하고 있으니, 회의에 집중하는 게 쉽지 않다. 게다가 요즘에는 급한 업무라도 생기면 회의 중에 핸드폰으로 답하는 풍경이 벌어지니, 당연히 팀장 눈에는 '회의에 집중하지 않는 모습'으로 비치게 된다. 이때 팀장은 팀원에게 뭐라고 해야 할까?

**송 팀장**    박 대리님, 아까 회의 시간에 핸드폰 만지면서 집중 못 하던데요.

**박 대리**    제가요?

**송 팀장**    그래요, 계속해서 핸드폰 만지작거리는 걸 봤어요.

**박 대리**    어? 저 회의 시간에 무슨 말이 오가는지 다 듣고 있었는데요?

**송 팀장**    그럼 내가 잘못 본 건가요?

**박 대리**    왜 그러시는지… 전 거의 다 들었고….

**송 팀장**    회의 참석만 하면 됩니까? 핸드폰 보면서 들어도 듣기만 하면 된다는 뜻이에요?

**박 대리**    아까는 거래처에서 급하게 연락이 와서 그런 겁니다.

**송 팀장**    좋아요, 오늘은 그렇다고 합시다. 박 대리님은 지난번 회의에도 그랬어요.

**박 대리**    네?

**송 팀장**    한두 번이 아니라는 거예요.

**박 대리**    딴짓한 건 아니고, 아마 급한 업무 처리하느라 그랬던 것 같은데요.

**송 팀장**    내가 이야기하는 것을 들었는지 묻는 게 아니에요. 그렇게 집중하지 않는 모습이 남들 눈에 보기 안 좋으니까 좀 그래요.

**박 대리**    아… 예.

**송 팀장**    다음부터 내 입에서 같은 소리 안 나오게 해줘요.

| | |
|---|---|
| **박 대리** | 네… 죄송합니다. |
| **송 팀장** | 그래요, 가서 일 봐요. |

———————— 99 ————————

처음부터 빼각대더니 마무리까지 찝찝하다. 죄송하다고는 하는데, 진짜 죄송한 걸까? 리더의 신뢰에 금 가는 소리가 들리는 듯하다.

특히 "계속해서 핸드폰 만지작거리는 걸 봤어요"라는 말의 '계속해서'가 기름을 붓는다. 회의를 주재하는 팀장의 눈에는 참석자의 소소한 행동도 크게 보이기 마련이다. 그래서 '계속해서'라는 단어를 꺼냈겠지만, 회의 시간에 나름대로 집중했다고 생각하는 박 대리에게 그 단어는 자신의 노력을 인정하지 않는 말이기에 사용해서는 안 될 단어다. 팀장의 '계속해서'와 팀원의 '계속해서'는 그 방향이나 깊이가 다르기 때문이다. 합의되지 않은 언어는 오해를 불러일으키고, 오던 신뢰도 뒷걸음질 치게 만든다.


## 팀장이 오해받으면
## 코칭은 무용지물

뭔가를 개선했으면 하는 바람을 담은 코칭 대화는 상대방을

# 176

가능성 있는 사람, 스스로 노력하는 사람, 나름의 이유가 있어서 그렇게 행동하는 사람이라는 전제를 가지고 들어가야 한다. 그걸 표현하는 것이 인정이다. 그런 관점이나 인정 없이 대뜸 '문제라고 생각되는 부분'에 대한 것으로 대화가 시작되어 버렸다. 이것은 거의 싸우자는 이야기다.

팀원 입장에서는 팀장을 '열심히 하고 있는데 괜히 시비 거는 사람'으로 생각할 여지가 크다. 팀장이 "박 대리님, 아까 회의 시간에 핸드폰 만지면서 집중 못 하던데요" 했을 때 "아, 죄송합니다. 급한 전화가 와서 답하느라 그랬습니다"라고 바로 인정하며 "실은 요전의 회의들에서도 급한 일이 생겨서 최근에 집중하지 못하는 모습을 보인 것 같습니다. 다음부터는 의식적으로 좀 더 집중하겠습니다"라고 대답하는 팀원이 있다면 복 받은 팀장이다. 앞의 사례처럼 말을 꺼내기까지 팀장도 많이 참았을 것이다. 그러다 겨우 꺼낸 이야기에 팀원이 솔직히 인정하고 그간의 팀장의 고민에 대해서도 알아주고, 반성하고, 해결방법까지 제시하니 얼마나 속이 시원한가? 그런데 그런 팀원은 꿈속에서조차 만나기 어려운 것 아닌가? 팀장들은 보통의 그들과 대화하는 기술을 배워야겠다.

——— 66 ———

**송 팀장**　　박 대리님, 나랑 이야기하게 시간 좀 낼 수 있어요?

**박 대리**　　네, 팀장님.

**송 팀장** 박 대리님이랑 이야기하고 싶은 게 생겼어요. 오늘 아침 회의 이야기인데, 그 회의 시간에 박 대리님이 핸드폰을 보는 시간이 짧지 않은 것 같아서요. 혹시 무슨 급한 일이 있었어요? 박 대리가 회의에 집중하지 못하는 걸로 보이던데, 무슨 내용인지 모르겠고…. 그래서 약간 걱정도 되고, 어떤 일이었는지 어떤 상황인지 알고 싶어서 불렀어요.

**박 대리** 아아… 업체에서 전화가 온 건데, 급하게 답을 해줘야 할 게 있더라고요.

**송 팀장** 아, 그랬군요.

**박 대리** 저도 처음에는 회의 끝나고 해야겠다고 생각했는데 급하다고 자꾸 연락이 와서요. 회의 끝날 때까지 집중 못할 것 같아서 바로 답하고 회의에 집중하려고 그랬습니다.

**송 팀장** 네, 급한 일이라면 당연히 그래야죠. 그런 걸 알아서 잘할 거라고 믿어요.

**박 대리** 네, 팀장님.

**송 팀장** 근데 사실 제가 그런 장면을 회의 시간에 몇 차례 본 것으로 기억하거든요. 아마 회의에 참석하는 다른 사람들도 신경이 쓰였을 거 같아요.

**박 대리** 오늘은 확실히 급한 게 맞는데, 이전에도 제가 핸드폰을 회의 시간에 했는지 기억은 잘 안 나는데요.

**송 팀장** 사실 회의 시간에 핸드폰 보는 행동이 눈에 들어올 때마다 불편하다는 느낌인데, 박 대리님이 오늘 유난히 눈에 띄어서 한번 이야기해보고 싶었어요.

**박 대리**  아, 네. 알겠습니다. 불편하시다고 하니, 제가 다음부터 좀 더 의식해서 회의에 적극적으로 참여하겠습니다.

**송 팀장**  내 이야기를 기꺼이 받아줘서 고마워요. 혹시 상황을 잘 모르고 한 말이 아닐까 조마조마했는데 흔쾌히 받아줘서 안심이 돼요.

**박 대리**  별말씀을요. 저에게 도움이 되는 이야기였습니다. 다음부터는 회의 시간에 더 집중하겠습니다.

**송 팀장**  음… 조금 더 이야기해도 될까요?

**박 대리**  네, 팀장님.

**송 팀장**  더 집중하겠다는 게 구체적으로 어떤 행동으로 나타날 수 있을까요?

**박 대리**  음… 회의 중에 전화나 문자가 오면 '1시간 후에 회신하겠습니다'라고 자동 답신을 보내도록 하겠습니다.

**송 팀장**  좋은 방법이네요. 근데 그게 가능할까요?

**박 대리**  정말 너무 급한 거면 바로 답해야 하겠지만, 미룰 수 있는 거면 그렇게 하겠습니다.

**송 팀장**  그게 좋겠네요. 좋은 아이디어예요. 또 내가 회의 시간에 박 대리의 어떤 모습을 보면 '아 박 대리가 의식적으로 집중하고 있구나' 하고 느낄 수 있을까요?

**박 대리**  회의 시간에 듣고만 있지 않고 적극적으로 의견을 내는 것은 어떨까요?

| 송 팀장 | 아하, 그런 적극적인 행동이면 금방 우수사원 될 수 있겠 |
|---|---|
| | 어요. 지금도 훌륭한 사원이지만. |
| 박 대리 | 팀장님 덕분입니다. 잘 이끌어주셔서 감사합니다. |

**"**

이 대화에도 코칭의 중요한 요건들이 속속 들어가 매끄럽게 흘러갔지만, 그중에서도 가장 중요한 부분을 하나 고르라면 이것이다.

"내 이야기를 기꺼이 받아줘서 고마워요. 혹시 상황을 잘 모르고 한 말이 아닐까 조마조마했는데 흔쾌히 받아줘서 안심이 돼요."

영어에 '마지막 지푸라기 last straw'라는 표현이 있다. 엄청난 일을 일으키는 마지막 하나의 작은 무엇. 20세기 초 유럽의 불안하고 위태위태한 상태에 오스트리아 헝가리 제국의 황태자 부부가 사라예보에서 피살되는 사건이 얹어지자 유럽이 제1차 세계대전의 소용돌이로 걷잡을 수 없이 빨려 들어가게 된 것을 가장 대표적인 예로 든다. 코칭에도 결정적이 순간이 있다. 코칭의 성공과 실패를 결정하는 순간이다.

그게 바로 이 대화로, 특히 '조마조마하다'는 자신의 감정을 드러내는 부분이 중요하다. 코칭 훈련 중에 날마다 갈고닦아야 하는 것이 바로 '자신의 감정을 드러내기'다. 팀장이 '나도 당신과 똑

# 180

같다' '나도 부족하고 미흡하다'는 말로 취약성을 드러내는 것이 진정성의 무게를 더 얹게 되어 대화가 신뢰의 국면으로 확 빠져들게 된다.


## 팀장도
## 모를 수 있다


리더들, 팀장들은 흔히 '팀장은 무조건 팀원보다 잘해야 해'라는 무의식적인 패러다임에 사로잡혀 있다. 하지만 인간과 인간이 만나서 움직이는 것은 솔직함이 전제될 때 가능하며, 그 솔직함의 증표가 취약성을 드러내는 것이다. 그래서 리더의 역할을 잘 수행하는 팀장들은 "나도 잘 모르겠다"라고 아주 편하게 이야기한다.

사티아 나델라Satya Nadella 는 마이크로소프트Microsoft의 CEO로 부임한 뒤 기술자들이 모인 회의에서 "잘 모르겠네요, 설명해 주시겠어요?"라고 말했다고 한다. 이에 구성원들은 '모르면 모른다고 이야기해도 되는구나' '지위가 높다고 다 아는 것이 아니구나' 하면서 자유롭게 물어보고 의견을 공유하게 되었다고 한다. 그리고 그 결과 목표를 더 높게 설정하기 시작했다고 하는 이야기가 있다. 리더의 '취약성 드러내기'가 이렇게나 중요하다. 그러니 팀장들이여, 모르면 모르겠다고 이야기하자. 팀원들이 팀장을 믿을 수 없는 순간 중에 '자기도 모르면서 아는 체할 때'가 있다. 이럴 때 아차 싶을 것이다.

국제코칭연맹이 정의한 코칭 역량 중에 '프레즌스를 유지한 다Maintain Presence'라는 말이 있다. 이 말의 핵심은 '개방성'과 '유연성'이다. 개방성이란 자신을 솔직하고 편하게 드러내는 것을 말하는데, 예를 들어 무언가를 모르면 모르겠다고 솔직히 말하는 것이다.

"나도 두렵다" "나도 불안하다" "나도 초조하다" 이 말들도 리더들이 잘 쓸 수 있으면 좋다. 팀원들은 팀장이 두렵고 초조한 걸 다 아는데 자기만 애써 씩씩한 체한다. 하지만 겉과 속이 다르게 느껴지는 상대에게는 호감을 느끼기가 힘들다. 따라서 자신이 두려운 게 스스로 못마땅하더라도 그런 나를 용기 내서 그대로 드러내면 팀원들은 겉과 속이 같은 팀장에게 신뢰를 느끼고 돕고 싶은 마음이 생길 것이다.

리더들은 '훌륭해야 좋은 리더십을 발휘할 수 있다' '내가 다 알아야 팀원을 통제할 수 있다'는 생각으로 자기의 결점을 드러내지 않으려고 무의식적인 변명을 많이 하게 된다. "제가 잘못했습니다" "내 실수입니다"라고 솔직하게 말하고 그다음 이야기를 진행해도 전혀 문제가 없는데 "나는 별별 노력을 다했고…" "어쩔 수 없이…" 이렇게 누가 봐도 변명인 말을 내뱉는다.

리더는 훌륭한 사람만 하는 게 아니다. 자신의 부족함과 취약성을 솔직하게 드러내는 사람일수록, 리더십 파워를 더 키울 수 있다.

PART 3. 팀은 팀원이 이루고 있다

## 리더십 필살기,
## 다가가기

리더들이 언제 코칭의 필요성을 느낄까? 팀원의 행동을 바꾸고 싶을 때다. 바꾸고 싶은 마음이 크더라도 이를 잠시 접고 '왜 그랬을까?' '그렇게 행동한 이유가 뭘까?'에 중점을 두어 이야기를 충분히 들어주고 먼저 '그럴 만한 행동이었다'고 보듬어줄 필요가 있다.

"애초에 그렇게 급한 일을 만들지 말아야지"라거나 "아무리 급해도 회의 끝나고 하면 되지, 이게 사장님 주재 회의여도 그랬겠어?"라고 할 수도 있다. 하지만 '저 팀원은 안 돼'라고 생각하는 순간 코칭의 길에서 멀어진다.

한 번이라도 제대로 상대방에게 다가가 보았는가? 정말 한 번이라도 제대로 시도해보았는가?

실제로 여러 코칭 상황을 접하다 보면, 아무리 어려운 사람도 진심으로 다가가면 뭔가 바뀌는 느낌을 많이 받는다. 그러므로 코칭은 상대방을 바꾸려 하기 전에 먼저 내가 바뀌어야 한다. 내가 더 성장해야 하고, 내가 더 훈련해야 하고, 내가 더 잘해야 한다. 그게 진짜 리더십 필살기이고 유일한 답이 아닐까 생각해본다.

# 17.
# 어울리지 못해
# 싸한 분위기 만드는 팀원

리더와 효율적인 일터의 특성을 규명하기 위해 20년에 걸쳐 시행된 갤럽Gallup의 조사 프로젝트를 이끈 사람이 있다. 바로 〈뉴욕타임스The New York Times〉의 베스트셀러 작가이자 연구자인 마커스 버킹엄Marcus Buckingham으로, 그는 자신의 저서 《유능한 관리자First, Break All the Rules》에서 갤럽에서 사용하고 있는 팀원 몰입도 측정 12개 지표를 소개했다.

기본 욕구(1~2), 리더십(3~6), 팀워크(7~10), 성장(11~12)의 네 가지 요소로 구분된 지표다. 이 중에 팀워크가 다른 항목에 비해 개념은 협소해 보이는데, 네 개 항목을 차지하고 있다. 이는 팀워크, 즉 구성원들의 관계가 조팀원들의 몰입도에 가장 큰 영향을 끼친다는 걸 의미한다.

우리는 앞서 이기적인 동료 때문에 힘들어하는 팀원을 위한 코칭 방법을 살펴보았다. 그런데 팀워크가 삐걱대는 데는 이기적인 동료와 그로 인해 힘들어하는 팀원의 문제도 있는 한편, 팀에 어울리지 못하고 겉도는 팀원으로 인해 결속력이 떨어지는 경우도 있다. 이번에 살펴볼 것은 바로 주변 동료들과 어울리지 못하는 팀원이다. 대놓고 불만을 표현하는 팀원에 비하면 이런 팀원의 경우는 우선순위에서 밀릴 수 있다. 하지만 목소리가 크지 않다고 해서 계속 방치해두었다가는 돌이킬 수 없는 상황에 이르기도 한다. 이런 팀원을 챙기는 것 또한 팀장의 일이다.

## 어우러지지 못하는 팀원 방치하지 마라

우선 대화는 어떻게 시작해야 할까? 상황에 따라 다르겠지만 '많이 힘들지?'라는 메시지를 줄 수 있는 대화로 시작하면 좋겠다. "이야기 듣고 싶어서 불렀는데, 많이 힘들지?" 하는 말로 상대방의 이야기를 이끌어낼 수 있으면 좋다. 그런데 여기서 상대방이 "괜찮아요"라고 할 수도 있다. 그럴 때는 좀 더 구체적인 표현을 통해 이야기를 유도해야 한다.

"내가 이런 상황을 보고 이런 것을 보니, 김 대리님이 좀 많이 힘들 것 같아 보였어요."

"김 대리님이 팀원들하고 잘 지내는 것처럼 보이지 않아서, 좀 불편하겠다 싶은 마음에 불렀어요."

성인인 팀원의 입장에서 보통 이런 이야기를 디인에게 하지 않으려고 한다. 따라서 이야기를 꺼내는 걸 거북해할 수 있지만, 그런 가운데서도 팀장이 이렇게 이야기를 해주면 팀장이 자신의 어려움을 알고 있고 도와주려는 마음이 있다고 받아들이게 된다. 그제야 대화의 장이 열리는 것이다. 이러한 대화의 장으로 들어가 보자.

❝

| | |
|---|---|
| **박 팀장** | 김 대리님. 요즘 좀 힘들어 보이는데 별일 없어요? |
| **김 대리** | 저요? 괜찮습니다. |
| **박 팀장** | 아… 제가 왜 그런 생각하게 됐냐면 지난번에 팀원들 모여 있을 때, 다들 즐겁게 이야기하고 있는데, 김 대리님은 옆에서 혼자 일하고 있더라고요. 그래서 제가 보기엔 함께 어울려도 될 것 같은데 혼자인 것 같고, 그때만이 아니라 어제는 팀원들이 모여서 차 마시면서 회의실에서 이야기하는데 김 대리님만 없더라고요. 그래서 혹시 김 대리님이 팀원들과 어울리는 것이 어려운가 싶어서요. |
| **김 대리** | 사실은… 다른 팀원들이 저를 왠지 피하는 느낌이 들어요. 그래서 따돌리는 건가 싶기도 하고요. |

| 박 팀장 | 아이고… 따돌린다는 생각까지 들었다면 그동안 불편했겠네요. |
|---|---|
| 김 대리 | 그래서 이제야 말씀드리는데, '회사를 옮겨야 하나? 내가 언제까지 여기서 일해야 하나?' 하는 생각도 하고 있어요. 그것 때문에 머리도 아프고… 출근하기도 싫고… 고민이 많았습니다. |
| 박 팀장 | 김 대리님처럼 신중하고 적극적으로 생각하는 사람이 회사를 떠날 고민까지 했다면 정말 많이 불편하고 힘들었다는 이야기네요. |
| 김 대리 | 일이 어렵고 힘든 것보다, 같이 일하는 동료들에게서 인정받지 못하고 어울리지 못하는 쪽이 더 힘들더라고요. 그래서 성과도 더 안 나오는 것 같고요. 일이 손에 잘 안 잡혀요. |
| 박 팀장 | 그런 일은 누구에게 상담하기도 참 애매한 문제니 혼자 끙끙 앓았겠어요. |
| 김 대리 | 네, 팀장님. |
| 박 팀장 | 그래서 이직까지도 생각했다는 건데, 내가 보기에 김 대리님이 정말 이직하고 싶은 건 아닌 것 같아요. 김 대리님이 진짜 원하는 게 뭘까요? |
| 김 대리 | 음… 저도 팀원들과 잘 지내고 싶어요. 즐겁게 이야기할 때 저도 끼고 싶고 밥도 같이 먹고, 사이좋게 지냈으면 좋겠는데 그게 어렵네요. |

**박 팀장**  그렇지요. 팀원들과 사이좋게 지내면 인생이 어떻게 변할 것 같아요?

**김 대리**  일도 재미있어질 것 같고, 출근할 때 머리도 안 아플 것 같고….

**박 팀장**  그들과 잘 지내고 싶은 마음이 누구보다 클 것 같아요. 김 대리님은 무척 따뜻한 사람이잖아요. 이것저것 시도해봤을 것 같기도 한데, 어때요?

**김 대리**  네, 그래서 제가 다영 씨에게는 커피도 사주고 이 주임에게는 일부러 제가 일을 더 맡겠다고도 했는데… 효과가 없네요.

**박 팀장**  나름대로 여러 가지 시도를 했는데, 잘 안 풀려서 더 답답했겠어요… 제가 느낀 걸 하나 이야기해줘도 될까요?

**김 대리**  네, 팀장님.

**박 팀장**  김 대리님이 그렇게 노력하고 다가가려고 했다가 멈칫한 것도 이해되고, 하다 안 되면 본인 스스로도 실망스럽고… 더 답답해졌을 것 같아요. 그래서 내가 볼 때는 김 대리님이 본인의 성향을 바꿔야지 잘될 것 같다고 생각하는 것 같아요. 하기 싫은 일도 해야 할 것 같고…. 저는 김 대리님이 김 대리님답게 잘 살면 좋겠거요. 자신의 성향을 유지하면서도 그들에게 잘할 수 있는 방법은 무엇일까요? 이렇게 고민하는 관점이 바뀌면 좋겠다는 생각이 들거든요.

**김 대리**  그러니까 팀장님 말씀은 그들에게 저를 맞출 것이 아니라,

제가 제 성향을 유지하면서, 그들과 관계를 좋게 할 수 있는 방법을 찾으라는 말씀이시죠? 사실… 팀원들이 날 어떻게 생각할까, 이것을 신경 쓰는 게 엄청 스트레스예요.

**박 팀장** 그렇지요….

**김 대리** 그냥 주어진 일 열심히 하고 성과를 내면 사람들이 '그래도 김 대리가 일은 잘하잖아'라고 할 것 같아요. 관계가 안 좋다는 점에 초점을 맞추는 것이 아니라, 그냥 일을 열심히 하다 보면 관계도 개선되지 않을까요? 그러다 업무적으로 도와주면 더 나아지겠죠.

**박 팀장** 그렇게 스스로 편해지는 것도 좋을 듯해요. 친한 친구들의 경우를 한번 생각해보세요. 김 대리님이 어떤 모습을 보일 때 가까워졌을까요?

**김 대리** 그냥 잘 웃고 격의 없고 뭔가 그들한테 바라지 않고 있는 그대로 보여줄 때 같아요.

**박 팀장** 혹시 그것과 지금 이 상황을 연결해서, 김 대리가 해볼 수 있는 것이 있을까요?

**김 대리** 제가 보기엔 다른 팀원들이 툭하면 담배 피우러 나가고, 하루에 30분에서 많게는 1시간 정도 저만 더 일하는 것 같아 그게 신경 쓰였어요.

**박 팀장** 다른 팀원들이 문제 있는 사람으로 인식되는군요?

**김 대리** 네네….

**박 팀장** 저렇게 하면 안 되는데 하는 생각이 김 대리님이 그들에게 다가가는 데 걸림돌이 되었을 것 같다는 생각이 든 거네요.

**김 대리**  네, 맞아요. 뭔가 그들에게 기대를 하고 있는 것 같아요.

**박 팀장**  이거 무척 중요한 발견인데. 관계를 힘들게 하는 무척 큰 요인이 자기 마음대로 기대하는 것이라는 말도 있거든요. 심지어 그 기대를 표현하지 않고 기대만 하다가 어그러졌을 때 실망하고, 그러면 상대방에게 다가가기 힘들지요.

**김 대리**  그러면 제가 팀원들에게 제 생각을 나누고 함께 이야기를 하는 게 중요할 수 있겠네요.

**박 팀장**  아주 중요하지요. 게다가 여기서는 순서를 지키는 것도 중요해요. 내 생각을 먼저 말하고 상대방이 이해해주기를 바라기보다 상대방을 먼저 이해하고 존중해주어야 해요.

**김 대리**  내가 그들을 먼저 이해해야 한다….

**박 팀장**  '그들은 무엇 때문에 그렇게 할까? 그들에게도 이유가 있을 텐데…'라는 호기심을 가져야 이해가 가능하지요. 하지만 그보다도 그들을 괜찮은 사람으로 보는 훈련을 먼저 해야 할 것 같아요. 훈련을 통해 발견한 것을 전해서 괜찮은 사람이라는 점을 표현해주고, 괜찮은 행동을 하면 칭찬해주는 것이 출발점이 아닐까요?

**김 대리**  네, 팀장님. 제가 그런 부분에 대해 좀 더 신경 썼어야 했는데, 그동안 놓쳤다는 생각이 듭니다. 감사합니다.

**박 팀장**  그래요, 김 대리님은 따뜻한 사람이라서 결국에는 사람들

## 190

이 알아줄 거예요. 적어도 나는 알고 있어요. 힘내요.

―――――――――― 99 ――――――――――

## 팀원이 진짜 원하는 것은
## 무엇인가?

"김 대리님은 무척 따뜻한 사람이잖아요."

이 대화에서 가장 중요한 부분이다. 이 말을 쓰느냐 마느냐가 이 대화의 성패를 결정한다고 봐도 무방하다. 자신감이 없어서 고민하고 있는 팀원에게 숨어 있는 강점 성품을 읽어주는 것 외에 무엇이 더 필요할까? 팀원의 입장에서는 이렇게 나를 알아주는 누군가가 있는데, 그것도 팀장이 알아주는데 다른 사람들이 뭐라 한들 어떤가 싶을 것이다. 하지만 팀장이 해야 할 일을 잊지 말라. 한 명의 겉도는 팀원의 마음을 잡아주는 것도 중요하지만, 이 장에서 제기하는 근본적인 문제는 어울리지 못하는 팀원으로 인해 싸해지는 팀 분위기다. 최종적으로는 팀원들이 모두 함께 어울려 팀워크를 발휘할 수 있도록 해야 한다.

이 대화의 핵심을 살펴보며 그 해답을 찾아보자. 먼저 경청을 통해 상대방의 문제를 파악했다면, 이를 해결하기 위해 상대방이 원하는 것이 무엇인지 구체적으로 물어야 한다.

"김 대리님이 진짜 원하는 게 뭘까요?"

보통 고민하고 있는 팀원들은 자신의 진짜 고민이 무엇인지 모르기 때문에, '진짜 원하는 것'에 대한 이야기를 꺼내도록 할 필요가 있다. 코칭은 상대방의 속마음을 들어야 올바른 방향을 제시할 수 있기 때문에 많은 질문이 사용된다. 그런데 코칭에서 질문을 딱 하나만 해야 한다면 바로 이 질문이다.

"당신이 정말 원하는 것은 무엇인가요 What do you really want?"

그렇게 해서 상대방이 원하는 것을 찾았다면 다음으로는 목표에 대한 구체화가 필요하다.

"팀원들과 사이좋게 지내면 인생이 어떻게 변할 것 같아요?"

이 질문을 받게 되면 상대방은 목표가 이뤄졌을 때의 모습을 상상하며 긍정적으로 변하고, 그 긍정적인 상상이 해결책을 찾고 노력하게 하는 강력한 동기부여가 된다. 무릇 코치란, 나무와 망치를 주고 이래라저래라 하는 사람이 아니라, 눈부신 파도가 넘실대는 바다를 보여주는 존재다. 넓고 푸른 바다를 보고 바다로 가고 싶은 마음이 들어서 신나게 나무와 망치를 찾고 배를 만들게 해야 한다.

셋째, 꿈을 꾸고 난 뒤에는 꿈과 현실과의 괴리를 냉정하게 파악해야 한다. 그래야 방법을 찾을 수 있다. 다음으로 현실을 파악하는 질문을 해보자.

"이것저것 시도해봤을 것 같기도 한데, 어때요?"

현실을 파악하는 질문에는 여러 종류가 있다. 그중에서도 코치들이 즐겨 쓰는 질문이 바로 '전에 무엇을 해보았느냐'다. 리더가 올바른 대화에서 길을 잃는 이유는 충고를 하려고 하기 때문일 확률이 높다. 리더가 아무래도 경험이 많을 텐데 왜 충고를 하면 안 될까? 그 이유는 대개는 상대방이 그것들을 시도해봤을 가능성이 크기도 하고, 설사 해보지 않았더라도 방어적인 태도로 바로 태세를 전환하기 때문이다. 그래서 그들은 이렇게 말한다. "저도 해봤죠." 리더의 대화에 개선점이 필요하다고 사이렌이 울리는 순간이다. 그러니 충고하기 전에 질문하자.

"어떤 것을 시도해봤는가?"

자, 상대방이 어떤 노력을 해봤는지도 파악했다면 이제야말로 충고를 해줄 때다. 그런데 여기서도 주의해야 할 점이 있다. 충고할 때는 먼저 허락을 구해 상대방의 마음을 연 다음에 하라. 상대방의 마음이 열려 있지 않은 상태에서는 충고를 해도 상대방이 이를 받아들이지 않는다. 오히려 그 말에 상처를 입기도 한다. 허락받지 않은 조언은 폭력이다.

"제가 느낀 걸 하나 이야기해줘도 될까요?"

국내 굴지의 배달 전문 기업 CFO를 일대일 코칭할 때 있었던 일이다. 그가 마지막에 좋은 걸 배웠다고 하기에 무엇인가 물었더니 "코치님은 뭔가를 이야기해주고 싶을 때 꼭 허락을 구하시더라고요"라며 그 모습이 좋았다고 말해주었다. 산전수전 다 겪었을 전문 경영인에게도 먹히니 어디에서든 통할 중요한 전략이다. 리더들이여, 허락받고 이야기하자.

마지막 단계는 해결책을 찾는 것이다. 충고까지 해줬는데 왜 또 해결책을 찾아야 하나 싶은 사람도 있을 것이다. 하지만 충고는 내 입장에서 이야기한 것일 뿐, 진정한 해답은 스스로 찾아야 한다. 그래서 마지막으로 해결책을 찾는 현명한 질문을 던져야 한다.

"친한 친구들의 경우를 한번 생각해보세요. 김 대리님이 어떤 모습을 보일 때 가까워졌을까요?"

보통 해결책을 찾는 질문을 "넌 어떻게 해보고 싶어?"라고 던지는데, 이렇게 직접적으로 묻기보다는 좀 더 쉽게 오를 수 있도록 계단을 만들어주는 느낌으로 해보자. "친한 친구들과의 관계는 어떻게 만들었는가?" 개인의 상황에 빗대어 질문함으로써 훨씬 더 쉽게 생각할 수 있게 되었다.

## 사람은 존중받아야 변화한다

'노인을 놀리는 10대들과 그들을 변화시킨 노인'의 이야기를 들어본 적이 있는가? 한 마을에 말썽꾸러기 10대 소년들이 같은 마을에 살고 있는 노인을 놀려주려고 집 앞을 지나갈 때마다 욕설을 했다. 노인은 그들을 혼내거나 경찰에 신고하지 않았다. 오히려 어느 날 노인은 지나가는 10대들을 기다렸다가 5달러씩 주면서 앞으로도 계속 욕을 해달라고 했다. 그렇게 아이들이 자신에게 욕할 때마다 5달러씩 주던 노인은 어느 날, 돈이 넉넉하지 않다며

1달러씩 주겠다고 했다. 아이들은 그래도 없는 것보다는 나으니 1달러씩 받으며 계속 욕을 했다. 그러다 어느 날 노인은 돈이 없어서 10센트씩만 주겠다고 했다. 그러자 아이들이 욕하는 것을 중단했다.

이 이야기는 동기부여와 동기상실의 예시로 자주 사용되는, 웃자고 만든 이야기일 것이다. 돈이 곧 존중인 웃픈(?) 시대임을 고려한다면 돈을 줘야 내가 원하는 걸 얻을 수 있듯, 존중을 해야 내가 원하는 변화를 얻을 수 있다는 건 자명하다.

팀장들도 항상 팀원을 존중하자. 허락받고 이야기함으로써, 감정을 읽어줌으로써, 그들이 미처 생각지도 못했던 강점을 알려줌으로써 그들을 존중하자. 그래야 그들은 적극적으로 변화하려고 행동하게 될 것이다.

# 18.
# 말 안 하고 입 꾹 닫는 팀원

"좋으면 좋다! 싫으면 싫다!" 말을 해야 들어주든지 말든지 할 텐데… 그냥 입 꾹 다물고, 고개만 숙이고 있는 팀원을 어떻게 코칭해야 할까? 그들은 무슨 생각을 하고 있을까? 어떤 기분일까? 원인에는 무엇이 있을까?

1. 이야기할 기분이 아니다.

2. 이 팀에서의 생활이 마음에 안 든다.

3. 같이 일하는 팀원 때문에 힘들다.

4. 일이 너무 많다.

5. 일이 적성에 안 맞는다.

6. 월급이 다른 회사 동기들에 비해 적다.

## 196

7. 비전이 없다.

8. **팀장이랑 안 맞는다.**

위의 예시 정도가 원인이 아닐까 싶다. 보다 구체적으로 들어가 보자면 '팀장이 업무 배분을 너무 편애한다거나, 열심히 했는데 성과평가를 안 좋게 줬다' 이런 디테일한 것들에 팀원들이 말을 안 하고, 대답도 안 하고, 꽁해 있는 것도 이해는 간다. 사람이라서 그렇다. 그래서 리더십 코칭은 기술이 아니라 '예술'인 것이다. 시시각각 그 상황에 맞게, 사람에 맞게 변화를 줘야 한다.

말을 안 하는 팀원은 일단 팀장과 신뢰가 깨져있는 상태라고 보면 된다. 불만스러운 부분이 있다면 그 불만을 이야기하면 되는데, 불만을 이야기해도 안 통할 거라 생각하기 때문이다. 따라서 '입꾹닫(입을 꾹 닫고 이야기하지 않는)' 팀원을 상대로는 '내가 그 팀원을 어떻게 해야 하지?'가 아니라 '내가 저 팀원을 왜 저렇게 만들었을까?'를 들여다보는 것이 맞다. 여기서부터 출발해야 한다.

'나의 어떤 면들이 저 팀원으로 하여금 말을 안 하게 했던 것일까?' 팀장 자신으로부터 출발하면 답을 찾게 되어 있다. 팀원에게서 방법을 찾으려 하면 답이 없다. 그렇다면 '팀원과 신뢰가 깨져있는 상태'에서 무엇을 해야 할까?

1. **관심을 표명한다.**

2. **있는 그대로 봐주고, 인정해준다**

그동안 위의 두 가지가 잘 이루어져 왔다면 팀원의 '입꾹닫'은 일어나지 않았을 가능성이 크다. 예를 들어 아주 조그마한 일, 팀 상인 내가 목말라하는 듯한 순간에 팀원이 무심코 생수 하나를 건네면 "정말 배려심 있다!"라고 해주는 그런 관심과 인정, 실력이 필요하다는 것이다. 당연해 보이는 일일 수도 있지만 팀원이 제 시간에 출근하는 일에 관해서도 관심과 인정이 필요하다. "어젯밤에 늦게까지 일하고 퇴근했는데 제시간에 출근하는 걸 보면 참 책임감이 있어요"라고 칭찬한다거나 약속한 시간에 보고서를 제출하면 당연하게 여기지 말고 "역시 절대 약속을 어기지 않는다니까! 참 믿을 만해요"라고 인정을 해주면 좋다. 그러니 팀원들의 작은 행동들에 관심을 기울이면서 "배려심 있더라" "프로페셔널하다" "정직하다" "친절한 사람이다" 등의 이야기를 해주면 된다.

'입꾹닫'에게는 질문이 통하지 않는다. 미리 질문지를 준비해 가더라도, 팀원은 '하기 싫다'는 티를 팍팍 내고 있을 것이다. 대답한다고 하더라도 건성건성 대답할 것이 분명하고 그걸 보고 있으면 팀장도 속에서 열불이 날지 모른다. '아니, 나는 이렇게 노력하고 있는데, 너는 대체 왜 그러냐?'라는 생각이 든다면 오히려 관계는 더 안 좋아질 것이다.

그러니 '입꾹닫' 팀원을 만나게 되면, 먼저 '나의 어떤 이전 행동들이 저 팀원으로 하여금 입꾹닫하게 했을까?'를 고민하고 차라리 대화를 나중으로 미루는 것을 추천한다.

"오늘은 별로 이야기할 기분이 아닌가 보네요. 다음에 기회 잡아서 이야기 나누는 건 어때요?"

　팀원에게 생각할 시간을 주어야 한다. 마음의 여유를 주는 것은 물론이고, 회복할 기회를 주어야 한다. 그게 리더의 몫이고, 일이고, 역할이다.

# 19.
# 대답은 하는데
# 행동은 하지 않는 팀원

단 하루만 못생겨보고 싶다.

왜?

매일 못생겼으니까.

인터넷에서 읽은 이 글을 팀장에게 적용해보자.

단 하루만 스트레스를 받아보고 싶다.

왜?

매일 스트레스 받으니까.

스트레스야 직장인들의 만성질환이자 난치병이지만, 그중에서도 위에서 찍어누르고 아래에서 치받는 중간에 낀 팀장들은 더 공감하지 않을까 싶다.

퇴사를 카톡으로 하는 팀원, 분명히 업무량이 어느 정도 되는지 아는데 자기만 많다고 투덜대는 팀원, 욱하는 기질에 팀 분위기를 저해하는 팀원 등등…. 그중에서도, 업무를 지시하면 "네, 알겠습니다" 해놓고서, 일정이 되어서 확인하면 "잊어버렸습니다" "아, 죄송합니다" "다른 일이 너무 많아서 못 했습니다"라고 이야기하는 팀원들에 관해 이야기해보자.

이것은 단순히 스트레스를 넘어 분노를 부른다. 그것도 만약에 경영진에게 보고해야 할 사항에 연관된 업무나 자료라면 눈이 뒤집힌다. 한두 번이 아니라면 더 팔짝 뛸 일이다. 처음에는 '내가 하고 말지' 하며 넘어가 주지만 고마워하는 것도 잠깐, 오히려 더 이용하려 드는 팀원도 있다. 영화에 나온 대사처럼, '호의가 계속되면 권리인 줄 안다.'

## 잠깐 편하려다
## 스트레스 쌓인다

이런 일이 계속되는 이유 중 하나는 팀장의 잘못도 있다. 일이 서툴고 제대로 해오지 않는 팀원에게 시키느니 내가 하는 게 낫다고 생각하고 직접 하는 경우가 반복되는 것이다. 아직 업무에 서툰 팀원이 일을 제대로 해오지 못하면 그에 대한 피드백을 해줘야 하고, 다시 수정해오면 또다시 피드백… 이 과정은 만족할 때까지 반복된다. 그렇게 진행되는 동안 팀원과 어쩔 수 없는 감정적 트러블이 생길 수 있고, 자료는 완성되지 않았는데 업무 결과를 발표할 시간은 점점 다가온다. 이럴 때 차라리 내가 하고 말겠다는 생각이 불쑥 든다. 하지만 그렇게 해서는 팀원이 업무 능력을 키우지 못해 언제까지나 제자리이고, 팀장은 팀장대로 과다한 업무로 지치고 스트레스를 받게 된다.

그렇다면 이런 문제를 어떻게 코칭적으로 해결할 수 있을까? 반복해서 이야기하지만(그만큼 중요하다는 뜻이다), 대화의 시작은 '신뢰 수준'에 따라 달라진다. 신뢰 수준이 높으면 "호석 씨, 또 그랬어요?" "다음부터 제발 잘합시다" 하고 직설적으로, 강하게 이야기해도 된다. 다만 이 신뢰 수준은 내가 생각하는 수준이 아니라, 상대방이 생각하는 수준이어야 한다. 나는 신뢰 수준이 높다고 생각했는데 상대방이 높지 않다고 생각한다면 오히려 또 다른 사고가 발생할 것이다. 가장 큰 문제는 '신뢰 수준'이 낮은 경우다. 사실 이때가 코칭 대화가 꼭 필요한 시간이다.

본격적인 대화를 하기에 앞서, 팀원이 "깜빡 잊었어요" "죄송합니다"라고 이야기하면 팀장은 그 팀원이 자신의 업무 지시를 무시한 문제 있는 사람으로 보일 것이다. 그래서 대화의 시작은 그를 '약속을 안 지키는 나쁜 팀원'으로 볼 것인가, 아니면 '그가 왜 그랬을까' 하고 호기심을 갖고 바라볼 것인가를 먼저 결정해야 한다.

코칭은 당연히 후자다. 코칭은 '가능성, 잠재력을 믿어주는 것'에서 시작하는 것이다. 팀원을 문제 있는 사람으로 보기 시작하면 코칭이 코칭답게 진행될 수가 없다. 하지만 과연 그게 가능할까? 예상치 못한 사고에 화가 나고 열불이 나는데, 그의 가능성을 믿어주고 잠재력을 믿어주고 호기심을 갖고 바라보는 것이 가능할까?

그래서, 팀장이 도를 닦아야 한다. 코칭 강의를 하다 보면 여지없이 나오는 탄식 "결국 도 닦으라는 이야기네요"가 여기서도 나온다.

'도道'는 길을 말한다. 살아야 할 길, 리더가 가야 할 길이 '도'다. 그 길을 닦아야 한다. 그 길을 후배들이 걸어올 것이다. 옳은 길, 후배들도 따라올 넓은 길을 닦을 것인가? 힘들다고 그때그때 임시변통의 길을 닦을 것인가?

## 감정을 통제하고
## 호기심의 관점에서

먼저 어떤 일이 일어났는지 이야기를 들어봐야 한다. 상대방의 입장을 듣지 않고 하는 말을 상대방이 제대로 듣고 납득할 리 없다. 그러니 아무리 화가 났더라도 마음을 가라앉히고 최대한 중립적인 입장에서 팀원의 이야기를 들어봐야 한다.

팀장이 지시한 업무를 진행하지 않으면 꾸중 들을 것을 뻔히 아는데, 어느 팀원이 '팀장 골탕 먹어라' 하면서 의도적으로 그 일을 잊어버리겠는가? 백번 양보해서 정말 그 팀원이 그런 의도로 업무를 이행하지 않았다면 그것이야말로 팀장의 문제다. 그동안 어떻게 해왔기에 팀원이 그렇게까지 하고 싶었단 말인가?

어떤 일이 일어났는지 호기심으로 출발하는 대화는 일어난 사실을 중립적으로 정확하게 묘사하면서 시작한다.

"내가 지난 월요일에 호석 씨에게 오늘 오전까지 보고서를 달라고 요청했을 때 그러겠다고 약속을 했는데, 아직 못 받았어요."

"아! 네."

"그 결과 사장님께 보고할 자료 준비가 늦어질 거 같아서 걱정이 큽니다."

"네."

"무슨 일이 있어서 안 됐는지 궁금해요."

이 대화 방식을 정리하면 다음과 같다.


**1. 이런 사실이 있었다.**

**2. 내 생각이나 감정은 이렇다.**

**3. 앞으로 이랬으면 좋겠다(요청). 또는 무슨 사정이 있었나(질문)?**


이렇게 세 단계에 걸쳐 피드백을 진행한다.

그런데 훌륭한 리더는 이런 피드백을 하지 않아도 되는 상황을 미리 만든다. '처방하지 말고, 예방하라'를 기억하는가? 이 원칙을 업무에 대입해보면, 업무를 지시할 때 코칭적으로 접근할 필요가 있다. 업무 지시를 내릴 때 그 일을 잘 해낼 수 있도록 환경을 만들어주고 미리 점검하고 준비하게 하는 것이다. 이런 질문들이 도움이 된다.

1. 일을 하기 위해 먼저 해야 할 것은 무엇인가?

2. 이 일의 목적이 무엇이라고 생각하는가?

3. 당신이 생각하는 이 일의 완성된 이상적인 모습은 무엇인가?

4. 이 일을 하는 데 어떤 어려움이 예상되는가?

5. 누구의 지원을 받으면 더 도움이 되겠는가?

6. 이 일을 잘 해내려면 어떤 자원이 필요한가?

7. 중간에 어려움이 생기면 어떻게 하고 싶은가?

8. 이 일을 진행할 때 예상되는 장애물은 무엇인가?

9. 그 장애물은 어떻게 해결하고 싶은가?

10. 이 일이 잘 진행되고 있다는 것을 나(팀장)는 어떻게 알 수 있는가?

11. 나는 어떤 도움을 주면 좋겠는가?

12. 당신의 어떤 장점을 사용하면 이 일에 도움이 되겠는가?


보통 업무 지시를 하면, 무엇을 할지, 언제까지 할지 정도만 확인하고 '알아서 잘 해오겠지' 하고 대책 없이 믿는다. 대부분 대책 없이 당한다. 훌륭한 팀원은 알아서 잘해 오겠지만, 여기서 문제는 그렇지 않은 팀원이다. 다시 말해 말 안 듣는 팀원, 열심히 하지 않는 팀원, 시키는 걸 이해하지 못하는 팀원, 심지어 이해도 못하면서 묻지도 않는 팀원, 시간 다 된 뒤에 모르겠다거나 못하겠다고 하는 팀원 말이다. 이들이 우리를 진짜 리더로 성장시키게 하는 팀원이다.

그들이 제대로 일하도록 도움을 주는 질문들이 앞의 12가지 질문이다. 그 12가지를 모두 던질 필요는 없다. 팀원에 따라 선별해서 질문하면 된다.

- 우선순위 없이 일을 막 시작하는 팀원 1번, 2번.
- 큰 그림을 보지 않고 업무 그 자체만 바라보는 팀원 2번, 3번.
- 불평불만이 많고 결과물을 잘 내지 않는 팀원 2번, 4번, 7번, 8번, 9번.
- 중간보고를 잘 안 하는 팀원 10번.
- 능력은 있는데 자신감 없는 팀원 12번.
- 일을 혼자 하려고만 해서 성과가 잘 안 나는 팀원 5번, 12번.

아마 이 질문들만 적절히 던져도 사후 피드백의 반 이상은 줄어들지 않을까?

## 206

## 시대가 변하면
## 리더도 변해야 한다

왜 이런 질문들을 미리미리 해야 할까?

20세기에는 물건 하나만 잘 만들어도 기업의 생존이 가능했다. 그 말은 리더들이 답을 알고 있다는 이야기다. 리더들이 답을 알고 있으니 직접 지시하고 명령한다. GE의 잭 웰치 같은 리더들은 '중성자탄 잭'이라 불리며 모든 일을 진두지휘했다. 그리고 그게 먹혔다. 잭 웰치는 2001년에 회장직을 물러나게 되는데, 1981년부터 CEO를 맡았으니 자그마치 20년을 리더로 활약한 셈이다. 그가 은퇴한 2001년에는 큰 변화가 있었다. 아이팟<sup>iPod</sup>이 세상에 선보인 것이다.

자신이 만든 회사 애플<sup>Apple</sup>에서 쫓겨난 스티브 잡스<sup>Steve Jobs</sup>가 2000년에 애플의 CEO로 복귀하고 나서 1년 후인 2001년에 아이팟을 출시했다. 처음에는 애플의 컴퓨터인 매킨토시<sup>Macintosh</sup>환경에서만 사용할 수 있었기 때문에 그다지 호응이 없었지만 2003년에 아이튠즈<sup>iTunes</sup>의 등장으로 일반 컴퓨터에서도 가능해지자 1억 대를 넘는 판매량을 기록하게 된다. 그 뒤 아이폰<sup>iPhone</sup>, 아이패드<sup>iPad</sup> 등을 신제품으로 출시해 시장을 평정했다.

20세기에는 잭 웰치의 방법이 먹혔다. 그 시절 잭 웰치는 리더십의 표본으로서 엄청난 추앙을 받았다. 이끌고, 밀어붙이고, 모든 것을 지시하고… 하지만 시간이 지난 지금의 평가는 박하다 못해

잔인하기까지 하다. 반면에 스티브 잡스는 20세기에는 좋은 평가를 받지 못했지만, 지금은 어떤가?

그때는 맞고 지금은 틀리다.

스티브 잡스는 잭 웰치가 사용한 방법, 예를 들어 대규모 감원이나 인수합병을 통한 규모 확장 같은 것이 아니라, 고객이 원하는 것을 제공하는 방법을 선택했다. 그러자면 다양한 구성원들의 다양한 능력들이 서로 결합되어야 했다. 바로 그것이 요즘의 리더들이 눈여겨봐야 할 대목이다. 물병, 컵, 연필, 자전거 등 비교적 단순한 제품의 생산팀장이라 치자. 팀장은 모든 공정을 마스터할 수 있다. 그런데 스마트폰, 우주선, 인공지능, 자율주행차의 생산팀장이라면 혼자서 전 과정을 마스터하는 게 가능하기는 할까? 당연히 다함께 힘을 합치고 지식을 합쳐야 한다. 시너지라는 개념이 없다면 한 발짝도 나아갈 수 없다.

고객의 욕구도 예전과 비교하면 너무 다양해지는바, 이제 리더는 끌고 가는 사람이 아니라, 구성원들이 실력을 발휘할 수 있도록 환경을 만들어주고 장애물을 제거해주고 자원을 배분해주는 사람이어야만 하는 것이다. 리더가 팔로어follower가 되고, 팔로어가 리더가 되는 시대다.

208

## 문제를 파악한 뒤에는
## 늦을 수 있다

마라토너들은 중간중간 급수대에서 물을 보충한다. 중요한 것은 목이 마를 때 물을 마시는 게 아니라고 한다. 목이 마르기 전에 미리미리 물을 마셔둬야 한다는 것이다. 물이 몸에 흡수되는 데는 시간이 필요하기 때문이다. 그러니 '목이 마르다'고 느끼면 이미 늦은 것이라고 한다.

리더십도 그렇다. 문제가 생기기 전에, 일이 발생하기 전에 미리미리 리더십 기술을 쓰는 것이 맞다. 팀장들이여, 리더십에 갈증을 느끼는가? 그러면 늦었다. 이번 마라톤은 포기하고, 다음 마라톤을 준비하자. 그리고 미리 물을 마시듯이 질문의 기술, 경청의 기술, 인정과 칭찬의 기술, 피드백의 기술들을 익혀놓자. 그러면 언젠가 승리하는 날이 오리라 믿는다.

# PART 4.
# 슬기로운 대화,
# 여유로운 팀장

# 20.
# 경력직 입사자가
# 고민을 토로해 온다면?

경력직 입사자가 팀장에게 와서 고민을 토로한다는 건 쉽지만은 않은 상황이며 난감한 순간일 수도 있다. 팀장은 비용과 시간을 들여 팀원을 힘들게 채용했고, 잘할 거라고 믿고 늦지 않게 성과도 내줄 거라 기다리고 있었을 것이다. 이전에도 사회생활을 해본 사람이니 적절히 잘 적응할 거라고 여겼을 거다.

그렇다면 경력직들은 어떤 어려움에 직면하게 되는 걸까?

1. 환경이 낯설어졌다.

2. 조직문화도 쉽지 않다.

3. 친한 사람도 없다.

4. 업무 스타일이 서로 달라 마찰이 일어날 수 있다.

아마 이러한 이유로 팀장이 기대했던 일에 대한 성과가 나오고 있지 않을 수 있다. 그런데 경력직 입사자가 "이 일이 저랑 안 맞는 것 같아요"라고 하면서 면담을 시작하면 팀장은 우선 '업무' 쪽으로 포커싱을 맞춰 대화하게 된다. 하지만 그러기에 앞서서 팀원이 처한 상황이 '업무'에 관련된 쪽인지, '낯선 환경' 때문인지 아니면 '사람 문제' 때문인지부터 잘 진단해야 한다.

적응 못 하는 경력직의 면담 내용 80% 이상은 '낯선 환경에서 오는 사람' 이슈일 확률이 높다.

아직 친분이 없고 사람들과 업무 스타일도 잘 안 맞으니, 당연히 성과가 날 수 없다. 그러면 그 사람은 '아, 이 회사와 일이 나랑 안 맞는가 보다' 하고 생각하게 되는 것이다.

경력직들이 면담을 신청하고 '일이 저랑 잘 안 맞습니다'라고 하면 먼저 정신을 바짝 차리고, 의사의 마음으로 잘 진단해보자. 어떻게 진단하는지에 대한 답은 크게 두 가지다.

바로 경청과 인정이다.

――――――――――――― " ―――――――――――――

| | |
|---|---|
| **윤 과장** | 안녕하세요, 팀장님. |
| **한 팀장** | 어서 와요, 윤 과장님. |
| **윤 과장** | 저… 드릴 말씀이 있습니다. |
| **한 팀장** | 네, 무슨 일인가요? |

# 214

**윤 과장**  여기서 일해보니 회사나 업무가 저랑 잘 안 맞는 거 같아 고민입니다.

**한 팀장**  윤 과장님 정말 힘들었겠어요.

**윤 과장**  네, 잘해보고 싶었고 좋은 회사기도 해서 나름 노력했는데 요즘 많이 어렵습니다.

**한 팀장**  그동안 면담할 때마다 열심히 해보겠다고 말했던 정도로 기억하고 있는데, 순탄치 않았군요.

**윤 과장**  아무래도 새로 입사한 곳이니까 적응이 안 되서 그런가 보다 하고 기다렸습니다. 그동안 이런저런 노력을 해봤는데 쉽지 않더라고요.

**한 팀장**  고민도 하고 노력도 했는데 그만큼 잘 안되고 속도 상했겠네요. 얘기를 하고 싶었을 텐데 잘 왔어요. 이 회사가 내가 찾던 곳이 아닌가 보다 했을 텐데, 그럼 그동안 어떻게 지냈어요?

**윤 과장**  다른 곳을 알아봐야 하나 싶었고, 다른 회사 간다고 잘할 수 있으려나 하는 생각도 들었어요. 오히려 입사하기 전보다 더 막막해진 느낌이에요.

**한 팀장**  그 막막하다는 표현이 나한테 크게 와닿네요. 우리 회사로 이직도 신중하게 고민한 끝에 자신을 더 성장시킬 수 있을 거라 생각하고 결정했을 텐데 막상 그게 안 되니까 힘들었 겠어요. 일단 참지 않고 얘기를 꺼내준 게 참 다행이에요. 그래서 우리가 같이 생각을 좀 모아보고, 다른 길을 찾을 기회가 될 수도 있잖아요.

**윤 과장**　저도 그러길 바랍니다.

**한 팀장**　회사에서 일하는 게 힘들어지는 경우는 보통 여러 가지 차원이 있을 것 같아요. 회사 분위기가 어려운 경우도 있고, 나랑 같이 일하는 사람들의 이슈가 있을 때도 일하기 힘들 거고요. 내 역량하고 업무가 맞지 않는 부분까지 크게 세 가지가 있는 것 같은데, 윤 과장님은 어떤 부분이 어려운 것 같아요?

**윤 과장**　일단 제가 예전 회사에서 하던 업무에 비해 중요도가 떨어진다고 여겨져요. 그리고 결정적인 건 이전에는 회사 안에서 서로서로 돕는 식으로 일했는데, 이곳은 본인의 업무만 알아서 끝내는 방식이라 조금 인간적인 느낌이 덜한 것 같아요.

**한 팀장**　그렇군요. 외롭기도 하고, 아쉬울 때도 있었겠어요.

**윤 과장**　네, 이 회사에서는 신입인 저에게 먼저 물어봐 주고, 도와주는 분들이 있었다면 훨씬 더 적응할 수 있었을 것 같아요. 업무도 업무지만, 문화가 좀 안 맞는 것 같습니다.

**한 팀장**　전보다는 일도 덜 중요해 보이고, 사람과의 교류도 잘 안 이루어지고, 일에서도 재미를 찾기 어려웠다면 저 같아도 막막했을 것 같아요. 일과 관련된 얘기도 허심탄회하게 하고 싶었을 텐데요.

**윤 과장**　일이야 조금 적응되고 잘하면 더 중요한 업무를 받고 맞춰가면 된다는 생각입니다. 하지만 그보다 회사 문화나 분위기가 적응하기 어렵습니다.

**한 팀장**  결국 어떻게 보면 회사 동료들이 각자 일하는 듯한 느낌이 강해서 처음에 적응하기 어려웠다는 얘기를 하고 싶은 것 같은데, 맞나요?

**윤 과장**  물론 일에 관한 문제도 있었지만, 아직 제가 능숙하지도 익숙하지도 않으니 동료에게 물어보고 싶었는데요. 워낙 다들 자기 일이 바빠 보여서….

**한 팀장**  나 혼자만의 문제면 내가 해결하면 되지만 다른 사람들에게 일일이 말할 수도 없고, 난감했겠어요. '내가 적극적으로 해서 될 일이 아니야'라는 생각이 들었을 수도 있고요.

**윤 과장**  맞습니다.

**한 팀장**  먼저 살갑게 다가갈까 하는 생각도 있었을 테고, 노력한 적도 있을 텐데 어땠어요?

**윤 과장**  출근할 때 인사도 해보고 그랬는데 반갑게 맞아주는 느낌이 아니어서 '그냥 일이나 열심히 하자' 생각하게 되었어요. 이전에는 제가 주로 분위기를 이끌어 갔던 사람이었는데도요….

**한 팀장**  그러고 보니 제가 윤 과장님 면접 봤을 때도 사람들과 깊이 있게 잘 만나는 사람이라고 느껴서 인간관계 이슈가 있을 것 같지는 않았거든요. 그런데 지금은 사람들과 생각만큼 친해지지 않으니까 그게 무척 어려웠던 거 같고요.

**윤 과장**  네, 생각보다 어려웠습니다.

| 한 팀장 | 그럴수록 이런저런 방법들도 고민했을 거 같아요. 그러면 생각했는데 아직 시도하지 못 한 일들이 있을까요? |
|---|---|
| 윤 과장 | 처음에는 여러 사람과 친해지고 싶었는데 저에게도 무리한 일이고, 먼저 한 사람이라도 친해지면 조금씩 확장될 수 있다는 생각이 들어요. |
| 한 팀장 | 그것도 되게 의미 있는 말로 들려요. 사실 나랑 잘 통하는 한 사람만 있어도 어디든 적응하기 편해지니까요. 혹시 떠오르는 사람 있어요? |
| 윤 과장 | 김 차장님이요. 그래도 제게 이것저것 물어봐 주고, 많이 도와주려고 하셔서요. |
| 한 팀장 | 김 차장님이라면 여러모로 도움 되겠어요. 김 차장과 친해지면 좋겠는데 어때요? |
| 윤 과장 | 김 차장님이 축구를 좋아하는 것 같더라고요. 제 친구가 은행에 다니는데, 이번 월드컵 예선전 주관해서 티켓이 있다고 하더라고요. 그거 받아서 주면 좋아할 것 같아요! |
| 한 팀장 | 윤 과장님이 사람에 대한 관심이 섬세하네요. 상대방이 원하는 호의를 베풀 줄도 알고요. 혹시 또 떠올랐던 것도 있나요? 고민을 많이 했을 테니 허심탄회하게 얘기해봐요. |
| 윤 과장 | 제가 되게 잘하는 파트가 하나 있는데 박 과장님이 그것 때문에 고민하고 있더라고요. 그래서 박 과장님에게 '제가 이 일 경력이 있는데 좀 도와드릴까요?'라고 해볼까 싶었습니다. |

## 218

| 한 팀장 | 윤 과장이 그렇게 도와주려다가 못했던 건 아마 상대를 생각하는 신중함 때문이었을 거라고 생각해요. 또 뭘 하면 좋을까요? |
|---|---|
| 윤 과장 | 아무래도 새로운 곳이니까 적응 시간이 필요하다 보니, 한 3개월 정도는 뭔가를 더 해보면서 시간적인 텀<sup>term</sup>을 두면 좋을 것 같습니다. |
| 한 팀장 | 시간을 더 투자해서 '다른 시도를 해보겠다'라는 말로 들리네요. 저도 당장 아이디어가 있으면 제안할 텐데, 사실 지금은 해결책이 바로 떠오르지는 않아요. 하지만 윤 과장님의 말을 들으니 처음 마음과는 달리 한 번 더 해보겠다는 게 느껴져요. 그 점이 참 반갑고 고맙네요. |
| 윤 과장 | 네, 팀장님. |
| 한 팀장 | 이제는 한 사람이라도 친해지는 방법과 다른 팀원을 돕는 방법, 3개월 정도 텀을 갖는 방법이 생겼네요. 그리고 덧붙여서 얘기하고 싶은 건, 동료를 도와주려는 시도는 아주 좋지만 먼저 도움을 받는 게 맞을 것 같아요. 사람들은 의외로 도움을 받는 거보다 도움을 주는 걸 더 좋아하는 경향이 있어 '새로 입사해서 이 부분이 어렵다. 이런 거 좀 도와주세요'라고 하면 다가가기 더 쉬울 거예요. 예를 들어 박 과장님에게 먼저 도움을 청한다면 박 과장님도 마음이 편해져서 윤 과장님에게 도움을 요청할 수도 있고요. |
| 윤 과장 | 먼저 도움을 요청하고 그다음에 도움 줄 부분을 찾으면 좋 |

겠다'는 말씀인 거죠?

**한 팀장**  맞아요. 사실 도움을 받아야 친해지거든요. 그러니까 자신을 조금 낮추고 상대방에게 진심으로 도와달라고 하는 거도 방법일 듯한데, 어때요?

**윤 과장**  네, 박 과장님한테 제가 지금 모르는 것들이 몇 개 있는데 도와줄 수 있냐. 짧게라도 시간 내서 도움받을 수 있는 부분을 부탁하고, 그다음에는 제가 다시 돕는 거로 하면 좋을 것 같습니다.

**한 팀장**  그래요. 오늘 이렇게 쉽지 않은 주제에 관해서 얘기했네요. 말하고 나니 정리되는 것 같아요?

**윤 과장**  저는 일이 저에게 안 맞는다고 생각했는데, 일보다는 조직 적응에 대한 이슈였던 것 같습니다. 한 사람부터 친해지면서 시작하거나, 제가 먼저 도움을 청하고 또 돕기도 하면서 차근차근 적응해나가면 될 것 같아요.

**한 팀장**  내가 봐도 어느 정도 방향을 찾은 느낌이에요. 제가 윤과장님을 뽑았으니까 꼭 성공시켜야 하는 사람이기도 하고, 그래서 이 일이 어떻게든 잘 해결이 되어서 사람들과 더 친해지는 기회가 되고 성장하면 좋겠다는 생각이 들어요.

**윤 과장**  네, 알겠습니다. 팀장님. 전보다는 명쾌해졌습니다.

**한 팀장**  네, 다음에 또 얘기해요.

99

경력직들은 정신이 없다. 적응도 해야 하고 맡은 일도 제대로 해내야 할 것 같고, 주변 사람들 눈치도 봐야 하고, 새로운 회사의 문화나 방식도 배워야 한다. 경력직이어도 성과가 빠르게 나지 않는 경우도 있고, 당사자는 그 이유가 '적성' 때문이라고 오해할 수 있다. 하지만 보통 경력직은 본인의 적성이 무엇인지 알고 지원하는 경우가 많다. 여기서 놀라운 점은 '적성'에 맞는 일을 하는 사람은 별로 없다는 사실이다. 이는 동시에 경력직들에게는 '적응'이 중요하다는 말이기도 하다. 경력직들 스스로 깨우치게 하는 코칭이 필요하다.

무조건 많이 들어주고, 인정해주기가 필요한 이유이다.

이번 편의 역할극에서는 특히 오랜 시간을 들여 많이 들어주고, 인정해주었다. 중요한 포인트를 짚어 보고, 다시 복습해보자.


### 1. 들어주기

"고민도 하고 노력도 했는데 그만큼 잘 안 되고 속도 상했겠네요. 얘기를 하고 싶었을 텐데 잘 왔어요. 이 회사가 내가 찾던 곳이 아닌가 보다 했을 텐데, 그럼 그동안 어떻게 지냈어요?"

팀원의 감정을 이해하고 '힘들었겠다' '속상했겠다' '느낌' 등의 단어를 써서 대화의 군불을 지펴야 한다.


### 2. 노력 알아주기

"그 막막하다는 표현이 나한테 크게 와닿네요. 우리 회사로 이직도 신중하게 고민한 끝에 자신을 더 성장시킬 수 있을 거라 생각하고 결정했을 텐데 막상 그게 안 되니까 힘들었겠어요. 일단 참지 않고 얘기를 꺼내준 게 윤 과장님이 잘한 일 같아요. 그래서 우리가 같이 생각을 좀 모아보고, 다른 길을 찾을 기회가 되는 것 같기도 하고요."

'자신을 더 성장시킬 수 있을 거라 생각했다'라는 말이 중요하다. 이 부분이 아마 팀원이 느끼기에 자신의 마음을 가장 알아주는 말처럼 들릴 것이다.

대화의 방법은 참 오묘하고, 그 깊이를 알 수가 없다. 상대방의 숨은 노력을 알아주는 것도 상대가 내게 마음을 여는 중요한 스킬이다.


### 3. 생각을 구체화시켜 주기

이것도 고민되고, 저것도 고민된다고 하는 팀원들은 '그냥 다 힘들다!'라는 생각을 하기 마련이다. 팀장이 여기에 말려들면 안 된다. 정신 바짝 차리고 구체화 시켜줘야 한다.

"회사에서 일하는 게 힘들어지는 경우는 보통 여러 가지 차원이 있을 것 같아요. 회사 분위기가 어려운 경우도 있고, 나랑 같이 일하는 사람들의 이슈가 있을 때도 일하기 힘들 거고요. 내 역량하고 업무가 맞지 않는 부분까지 크게 세 가지가 있는 것 같은데, 윤 과장님은 어떤 부분이 어려운 것 같아요?"

사람은 '3'이라는 숫자를 좋아한다. 아침·점심·저녁, 아기 돼지 3형제, 금·은·동, 빛의 3원색, 서론·본론·결론 등이다. 그러니 '세 가지가 있을 것 같다'라고 구체화, 범주화시킨다면 보다 명확한 방향이 나오게 될 것이다.

### 4. 다시 들어주기

"전보다는 일도 덜 중요해 보이고, 사람과의 교류도 잘 안 이루어지고, 일에서도 재미를 찾기 어려웠다면 나 같아도 막막했을 것 같아요. 일과 관련된 얘기도 허심탄회하게 하고 싶었을 텐데요."

"결국 어떻게 보면 회사 동료들이 각자 일하는 듯한 느낌이 강해서 처음에 적응하기 어려웠다는 얘기를 하고 싶은 것 같은데, 맞나요?"

"나 혼자만의 문제면 내가 해결하면 되지만 다른 사람들에게 일일이 말할 수도 없고, 난감했겠어요. '내가 적극적으로 해서 될 일이 아니야'라는 생각이 들었을 수도 있고요."

역할극 대화에서 이런 식으로 감정, 말, 욕구 들어주기가 진행되었다. 이 세 가지만으로도 좋은 들어주기가 가능해진다.

### 5. 충분히 들어줬으면 질문하기

"또 뭘 하면 좋을까요?"

앞서 역할극에서 팀원이 스스로 방법을 찾을 수 있도록 간단한 질문을 했었다. 이렇게 짧게 질문해도 될까? 그렇다. 초반에 경청, 인정 부분에서 시간과 공을 많이 들였다면 후반부의 질문은 간단해도 된다. 길면 오히려 자연스럽지 않을 수 있다. 그냥 무심하게 툭, 상대방이 지금 질문을 듣고 있다는 걸 느끼지 못할 정도로 말하면 된다. 생각을 나지막이 이야기하는 느낌으로 말이다.

### 6. 질문을 확장하기

사람들은 참으로 우주 같다. 같은 말인데 어떤 말엔 반응하고, 어떤 말에는 부담감을 느끼고 물러선다. 코칭을 배우다 보면 좋은 질문을 하라는 말을 많이 듣게 되는데 같은 의미의 질문도 절묘하게, 교묘하게, 오묘하게, 기묘하게 살짝 비틀어서 질문하면 좋은 것들이 꽤 있다. 그중 하나가 바로 이 질문이다.

"그러면 이렇게 해보면 좋겠는데 하면서도 못한 것들이 혹시 있을까?"

이 질문은 꼭 기억하자. 성공적인 대화로 이끌어줄 것이다.

### 7. 인정해주기

"김 차장님이 축구를 좋아하는 것 같더라고요. 제 친구가 은행에 다니는데, 이번 월드컵 예선전 주관해서 티켓이 있다고 하더라고요. 그거 받아서 주면 좋아할 것 같아요!"라고 팀원이 말한다면 팀장은 뭐라고 대답해야 할까?

"나도 축구 좋아하는데, 티켓 더 없어요?" "좋은 아이디어네요!" "은행에 친구가 있어요? 나 대출 알아봐야 하는데 그 친구 소개 좀 해줘요!"

이런 말들을 절대 해서는 안 된다. 전부 자기중심적인 대답이다.

"윤 과장님이 사람에 대한 관심이 섬세하네요. 상대방이 원하는 호의를 베풀 줄도 알고요. 혹시 또 떠올랐던 것 있나요?"

이렇듯 그 사람의 성품이나 강점을 찾아서 말해줘야 한다. 그게 상대로 하여금 존중받는 기분이 들게 하는 대화다.


### 8. 복기하게 하기

"그래요. 오늘 이렇게 쉽지 않은 주제에 대해서 얘기했네요. 말하고 나니 정리되는 것 같아요?"

바둑 고수들은 꼭 복기한다. 서로 대화를 나눈 주제에 대해 팀원이 다시금 정리하고 생각해볼 수 있도록 유도해보자. 팀장이 복기하는 게 아니라, 팀원이 복기하게 만들어야 한다.

검색 시장에서 구글의 아성을 깨는 것은 거의 불가능에 가까웠다. 마이크로소프트에서 '빙 Bing'이라는 검색 엔진을 개발했지만, 시장에서는 그 존재감이 미미하다 못해 거의 없을 지경이었다. 개선이 통하지 않은 것이다. 그러다 '챗지피티 Chat GPT'가 등장했다. 그리고 시장의 판도를 바꿔놓았다. 개선은 잘 안 먹히지만, 혁신은 먹힌다.

우리의 리더십도 그렇다. 혁신해야 한다. 그래야 통한다.

'잘 들어주고, 좋은 리더가 되는 것' 이게 바로 혁신이다. 지금

이 그런 시대다.

　파도와 싸우면 안 된다. 파도에 몸을 맡기고, 거기에 맞게 흐름을 타야 한다. 경직된 몸은 물속으로 추락하게 될 것이다. 경직된 리더십도 추락을 경험하게 될 것이다.

# 226

# 21.
# 유연근무제를 쓰고 싶습니다

우리가 앞서 계속 배워보았듯이 코칭 기술에는 여러 가지가 있다. 학자들마다, 전문가들마다 각자의 노하우를 가지고 있기 때문에 수학공식처럼 딱 맞는 하나의 정답은 없다. 어떤 게 맞는지는 개인에 따라 다르더라도 경청, 질문, 인정과 칭찬, 피드백 코치가 코칭 받는 사람에게 하고 싶은 말을 하는 것 등은 공통적으로 동의하는 수준이다. 물론 이 기술들을 쓰기 위해서는, 팀장이 먼저 '신뢰할 수 있는 사람이 되어야 한다'는 전제가 필요하다.

"코칭이 안 먹혀요"라고 말하는 팀장이 있다면 팀원들로부터 신뢰를 얻고 있지 못한 것으로 받아들이는 게 팀장의 리더십 향상을 위한 기본적인 출발점이다. 그러면 팀장이 어떻게 신뢰받을 수 있을까?

역설적이게도, 이 방법 역시 똑같이 질문을 잘하고, 경청을 잘하고, 피드백을 잘하고, 칭찬을 잘해야 한다. 다시 말해, 신뢰가 잘 묻어 있는 경청, 질문, 인정과 칭찬, 피드백을 함으로써 지금 이 순간 신뢰를 구축하면서 효과적으로 코칭을 할 수 있다. 이제 사례를 통해 좀 더 자세히 살펴보자. 이번 사례는 유연근무제를 예로 들어 보겠다.

옛날에는 직장을 선택하는 기준이 연봉, 근무지 같은 것이었는데, 주 52시간을 보장받고 일하는 MZ세대에게는 중요한 근무환경으로서 유연근로시간제 같은 것들도 직장 선택의 기준이 되고 있다. 야근을 밥 먹듯이 했던 팀장 세대와 비교하면 세상이 참 많이 달라졌다는 소회가 드는 이들도 있겠다.

세상이 달라지면 적응해야 하는 게 인간이다. 유연근로시간제는 주 52시간 근로를 맞추기 위해 대기업을 중심으로 적용이 확대되고 있는 근무 형태다. 그런데 문제는 회사 전체적으로 유연근무제를 적용한다고 해도 모든 사람의 근무시간이 일괄적으로 바뀌는 게 아니기 때문에 이런 제도 자체를 회사 전체적으로 자리 잡게 하는 데는 시행착오가 있을 수밖에 없다.

예를 들어 임원이 일상적으로 10시에 회의를 한다고 하자. 우리 팀의 보고가 미리부터 예정되어 있어서 전날 자료 준비가 끝났다고 하면 괜찮지만 돌발 상황에서 급하게 보고가 결정되었을 때는 문제가 될 수밖에 없다. 이 경우에 유연근무제를 원하는 팀원과 변함없이 10시 보고를 원하는 임원 사이에 낀 팀장은 말 그대로

'죽을 맛'일 것이다. 회사에서 유연근무제를 권장하고 보장은 한다지만, 임원이 10시 보고를 원하는데 그 임원에게 가서 유연근무제 때문에 제때 보고 못 하겠다는 말을 하기보다는 차라리 아랫사람을 닦달하고 보자는 마음일 것이다. 그런데 내 평가를 쥐고 흔드는 임원의 심기를 거스르지 않기 위해 무조건 팀원에게 유연근무제를 하지 말라고 하면 그 팀원만 아니라 모든 팀원의 신뢰를 잃게 된다. 더구나 정당한 사유도 없이 유연근무제를 허락하지 않을 경우 회사 차원의 문제로 비화될 수 있다.

이럴 때 낀 세대의 애환이 느껴진다. 어떻게 해야 현명하게 이 상황을 돌파할 수 있을까? 하나는 임원에게 가서 보고 일정을 조정하는 것이다. 다만 이 책은 대화법과 코칭에 관한 이야기이므로, 두 번째 방안으로 팀원과 이야기를 나누는 방법을 이야기하고자 한다.

## 낀 세대 팀장이
## 현명하게 대처하는 법

"

**김 과장**     팀장님, 드릴 말씀이 있습니다. 저 10시에 출근해서 7시에 퇴근하는 유연근무제 해도 될까요?

| 남 팀장 | 우리 회사에서 보장이 되어 있는 제도잖아요. 그런데도 이야기를 꺼내는 건 나와 미리 상의하는 게 좋겠다고 생각한 거네요? |
|---|---|
| 김 과장 | 네, 아무래도 팀장님 결재도 받아야 하고, 또 업무 조정을 위해 상의는 드려야 할 것 같아서요. |
| 남 팀장 | 유연근무제라는 제도가 있으니까 내 마음대로 10시부터 7시까지 근무하겠다는 마음이기보다는, 10시부터 근무하는 게 어떨지 나한테 상의하고 괜찮을지 확인하고자 하는 거네요. |
| 김 과장 | 네, 제 마음대로 10시부터 쓰면 팀에 영향은 없나 걱정되기도 하고… 그래서 팀장님께 의견을 구하려고요. 그런데 확실히 유연근무제를 하고 싶기는 합니다. |
| 남 팀장 | 먼저 이렇게 이야기해줘서 고마워요. 유연근무제라면 누구라도 해보고 싶을 것 같고 저 역시 흔쾌히 동의해주고 싶어요. 저는 이 시간이 서로의 입장을 확인해보는 시간이 되면 좋겠습니다. 각자 입장이 다를 수 있으니까요. 그래서 서로의 입장을 확인하고 도울 수 있으면 돕는 그런 방향으로 가고 싶네요. 김 과장님 입장을 먼저 들으면 확실히 이해하는 데 도움이 될 것 같은데, 괜찮을까요? |
| 김 과장 | 우선 제가 출근하는 데 1시간 정도 걸려요. 7시 반에 지하철 타서 8시 반에 내리는데, 사실 그때가 지하철에 사람이 가장 많은 시간대예요. 지하철에서 스트레스받고 진이 |

## 230

다 빠진 상태로 출근하니까 아침부터 힘들더라고요. 근데 10시까지 출근하면, 8시 반쯤부터 지하철이 한가해지니까 책도 볼 수 있고, 그렇게 좀 상쾌한 기분으로 오면 업무에 집중할 수 있을 것 같아서요….

**남 팀장** 그렇지, 맞아요.

**김 과장** 그리고, 사실은 아이가 유치원 가야 하는데…. 저희 부부가 맞벌이라서 번갈아가며 유치원에 데려다주고 오는 게 부모로서 역할을 다하는 거 같기도 하고요.

**남 팀장** 그렇겠네요.

**김 과장** 그런 두 가지 큰 이유 때문에 유연근무제를 하고 싶습니다.

**남 팀장** 스트레스를 덜 받은 상태로 출근해서 업무에 집중하고 싶고, 부부가 번갈아가며 아이를 유치원에 보내고 싶고, 그런 두 가지 마음이네요.

**김 과장** 네, 맞아요. 그리고 회사에서 제도적으로 보장해주니까 꼭 하고 싶습니다.

**남 팀장** 그래요. 지금 본인이 원하는 것은 매일 10시에 출근하고 싶다는 이야기죠?

**김 과장** 그렇게 해야 마음도 편하고 그럴 것 같습니다.

**남 팀장** 본인의 분명한 입장이 있는데도, 먼저 상의하러 온 게 나와 회사를 배려하는 마음으로 느껴져요. 10시 출근을 하면 본인도 일을 더 잘할 수 있어서, 회사에도 플러스가 될 뿐 아니라, 가정에도 좋겠다는 말이네요. 그런 입장을 지지해 주고 싶은 마음이 한편에 있고, 다른 한편으로는 내 입장도 이해해줬으면 하는 마음도 있어요. 그 부분을 이야기해도 될까요?

**김 과장** 네, 팀장님.

**남 팀장** 알다시피 우리 회사 임원들은 새벽 일찍, 아무리 늦어도 8시엔 다 출근하시는데, 그분들이 나에게 요청하는 게 10시쯤에는 뭔가 보자고 하시는 일들이 많이 있어요. 그럴 경우에 제가 혼자 할 수 있는 일은 괜찮지만, 김 과장님이 중요한 일을 맡고 있고 또 제가 의지하는 부분이 있기 때문에, 김 과장님이 있었으면 하는 때가 종종 있어요. 이런 상황에서 저는 '지원을 받고 싶을 땐 어떻게 해야 하지?' 하는 고민이 있어서 내가 선뜻 "좋아요, 그럼 10시에 출근하도록 해요"라고 이야기해주기가 고민이 됩니다.

**김 과장** 팀장님 말씀은 임원들이 10시에 자료나 보고를 지시하실 때가 많고, 그때 제가 다루고 있는 것들이 같이 진행되어야 하니까, 제가 필요하다는 말씀이시죠?

**남 팀장** 그렇죠.

**김 과장** 그렇더라도 유연근무제가 시행되고 있으니 꼭 하고 싶은데… 어떻게 하죠? 임원이 11시에 보자고 하시면 좋을 것 같은데….

**남 팀장** 하하하. 그런 방법이 있네요! 그래요, 이야기는 한번 해볼 수 있을 것 같아요. "그날은 10시가 아니라 11시에 하면 좋겠습니다"라고 해볼 수 있겠죠. 회사의 정책도 바뀌었으니까. 다만 그분들이 허락해주실지 잘 모르겠고, 일이라는 게 또 급박하게 돌아가는 경우도 있으니까요.

**김 과장**      그러면 진짜 급한 일, 예상이 되는 일들에 대해서 화·목은 제가 9시에 출근하고 월·수·금은 10시에 출근하면 어떨까요?

**남 팀장**      그렇게 말해주니 고마워요.

**김 과장**      꼭 정해놓지 않아도 일주일에 두 번 정도, 내일은 어떤 일이 있으니 9시까지 출근하라고 미리 말씀해주시면 조정해보는 것도 좋을 것 같습니다.

**남 팀장**      김 과장님이 그렇게까지 생각해준다면 정말 고맙죠. 아까 자녀를 유치원을 데려다주고 싶다는 이야기를 들으니 아이에게 좋은 부모가 되어주고 싶다는 마음도 클 것 같은데, 그런 상황 속에서 나에게 이틀을 빼줄 수 있다고 말해주니 나도 팀원들의 유연근무제를 긍정적으로 받아줄 방향을 찾기 쉬울 것 같아요.

**김 과장**      알겠습니다. 그러면 팀장님께서 미리 말씀해주시면, 배우자와 잘 조정해보도록 하겠습니다.

**남 팀장**      배우자와 잘 이야기될 수 있겠어요?

**김 과장**      네, 가능할 것 같습니다. 사실 저도 상무님이 오전 10시에 팀장님 불러서 보고하라는 거 뻔히 아는데 일주일 내내 유연근무를 하겠다고 이야기하는 것이 마음에 걸렸습니다.

**남 팀장**   그런 부분까지 신경 써주다니 김 과장의 배려심이 돋보이네요.

**김 과장**   별말씀을요. 그러면 일주일에 두 번 9시에 출근하는 걸로 하겠습니다.

**남 팀장**   그래요, 그렇게 하시죠.

---

"

---

이제 대화의 핵심을 짚어보자.

먼저 가장 인상적인 것은 첫마디다. 유연근무제를 해도 될지 묻는 팀원에게 팀장이 다음과 같이 말했다.

"우리 회사에서 보장이 되어 있는 제도잖아요."

이렇게 명확하게 말하기가 사실 쉽지 않다. 많은 기업들이 근무형태를 유연하게 바꾸고 있으며, 특히 코로나19 이후 대기업을 위주로 유연근무제가 빠르게 자리 잡고 있다. 전국경제인연합회 산하 한국경제연구원이 매출액 500대 기업을 대상으로 조사한 결과 29.2%가 유연근무제를 새로 도입했고 45.8%는 기존 제도를 보완했다. 이처럼 빠르게 확산되고 있음에도 다수의 중소기업, 제조업, 고객 대면 업무를 하는 업종 등에서 유연근무제는 여전히 먼 나라 이야기다. 아마도 현재 유연근무제를 도입하고 있는 기업들 가운데서도 특성상 유연근무를 허락해줄 수 없어 속앓이를 하는

## 234

팀장들도 많을 것이다. 이러한 실제 상황을 염두에 두고 코칭 대화로 돌아가보자.

코칭 대화의 성패는 팀장의 첫 마디에서 결정된다. 유연근무가 말처럼 쉽지 않은 상황에서 일개 사원도 아니고 나름 직장생활을 오래 해온 과장이 유연근무제를 하겠다고 하면 '과장이 되어서 상황 파악이 안되나?' 하는 생각이 먼저 들 수도 있다. 그런 생각을 하는 순간 말이 입에서 곱게 안 나온다. 그런 자기중심적인 생각을 보류해야 코칭의 정석에 가까운 말이 나온다. 여기서는 '우리 회사에서 보장이 되어 있는 제도잖아요'라고 했는데, 약간 다르게 말할 수도 있다.

예를 들어 "유연근무제를 하고 싶군요" "10시에 출근하고 싶어요?"도 괜찮다. 중요한 것은 '유연근무제' '10시 출근'이다. 팀원이 중요하다고 여길 만한 단어를 사용해야 한다. 그러면 자연스럽게 대화가 진행된다. 여기에 더 위대한 들어주기가 바로 '제도적으로 보장된 것'이라는 표현이다. 팀원은 아마도 '회사에서 시행되는 제도'를 자기 합리화의 가장 중요한 도구로 생각했을 것이기 때문이다. '팀장님이 허락해주지 않으면 사규로 보장되어 있다고 말씀드려야지' 했는데 팀장이 오히려 마음을 읽어주니 여기서 무장 해제가 된 것이다.

## 대화의 목표는
## 명확해야 한다

둘째, 코칭에서는 대화의 목표를 설정해야 한다.

"저는 이 시간이 서로의 입장을 확인해보는 시간이 되면 좋겠습니다. 각자 입장이 다를 수 있으니까요. 그래서 서로의 입장을 확인하고 도울 수 있으면 돕는 방향으로 가고 싶네요. 김 과장님 입장을 먼저 들으면 확실히 이해하는 데 도움이 될 것 같은데, 괜찮을까요?"

이렇게 대화의 범주를 설정해놓아야 오해가 없다. 나는 입장을 확인하고 싶은데 팀원은 '설득하려는 거 아냐?'라고 오해해서 괜한 긴장감을 만들 필요가 없다. 긴장감은 상대방의 의도를 모를 때 생긴다. 긴장하면 생각할 수 없게 되고 방어적인 태도를 보이게 된다. 그러면 어떻게 긴장을 풀까? 서로의 기대를 툭 터놓고 이야기하는 게 좋다. 서로를 알게 되면 긴장할 일이 없어진다. 악수가 생겨난 이유가 그 때문이라고 하지 않는가? 내 손에는 무기가 없다는 신호. '나는 너를 해하려고 하거나 설득하려고 하는 것이 아니다'라는 신호를 주기 위해서는 이렇게 대화의 목적을 분명히 하고 넘어가면 좋겠다.

셋째, 코칭은 경청이다.

"스트레스를 덜 받은 상태로 출근해서 업무에 집중하고 싶고, 부부가 번갈아가며 아이를 유치원에 보내고 싶고, 그런 두 가지 마음이네요.”

상대방의 말을 그대로 받아주는 동시에 약간 확장시켜서 '부부가 번갈아가며 아이를 유치원에 보내기'라는 말을 해서 상대방이 평소에 미안해하고 있는 부분을 알아주고 공감하는 것이다. 어렵지 않다. 그냥 상대방이 말한 것을 그대로 정리해주면 된다. 이것이 어렵게 느껴지는 이유는 경청이 부족하기 때문이다. 경청은 다음 장에서 다시 다룰 테니 살펴보기 바란다.

넷째, 사소하다고 생각되는 부분도 신경 써서 피드백을 해줘야 한다. “임원이 11시에 보자고 하시면 좋을 것 같은데…”라고 팀원이 툭 던졌는데 팀장이 제대로 캐치하고 다음과 같이 피드백을 했다.

“이야기는 한번 해볼 수 있을 것 같아요. “그날은 10시가 아니라 11시에 하면 좋겠습니다”라고 해볼 수 있겠죠. 회사의 정책도 바뀌었으니까. 다만 그분들이 허락해주실지 잘 모르겠고, 일이라는 게 또 급박하게 돌아가는 경우도 있으니까요.”

'안 돼'가 아니라, 한번 해볼 수 있다고 함으로써 팀원의 마음을 헤아렸다는 것이 핵심이다. 그러고 나서 결과가 어찌 될지는 모르겠다고 덧붙여 자신의 입장을 표현하는데, 마지막은 '회사 일'이라는 상대방도 동의하는 선에서 깔끔하게 정리했다.

다섯째, 예상되는 장애요인을 점검해야 한다.

“배우자와 잘 이야기될 수 있겠어요?”

예상되는 장애요소에 대해 고민해보게 하는 것으로, 여기에는 두 가지 의도가 있다. 하나는 그 상황이 닥쳤을 때 예방 차원의 고민을 해보는 것이고, 다른 하나는 '변명하지 않게 하기'라는 뜻밖의 결과를 얻으려는 의도다. 코칭에서 빼놓지 말아야 할 부분이다.

마지막으로 "그렇지요" "그렇네요" "이야기해줘서 고마워요" "그걸 이야기해도 될까요?" "배려심이 돋보이네요" 등의 말들도, 설명하지 않고 넘어가기에는 코칭을 완성하는 데 빠져서는 안 될 표현들이다.


## 고민이 많다는 건
## 좋은 팀장의 자질


본인이 입만 열면 팀원들이 힘들어하는 것이 고민인 팀장이 있다. 이때 팀원들을 탓하기만 하는 팀장이 있고, '내가 어떻게 변하면 그들이 힘들어하지 않을까?'라고 고민하는 팀장이 있다. 그런 방향이라면 고민하는 것 자체가 좋은 팀장의 자질을 가지고 있다는 증거다. 타인의 고통을 헤아리는 사람이야말로 진정한 리더십의 출발점에 서 있는 사람이다.

《이기적 유전자 The Selfish Gene》에서 리처드 도킨스Richard Dawkins 박사는 '이 지구상에서 우리 인간만이 유일하게 이기적인 유전자의 폭정에 반역할 수 있다'며 '우리는 우리의 의지에 따라 이기적임을 거부할 수 있고 이타적으로 누군가를 도울 수 있으며, 선함과 아름다움을 추구하며 살아갈 수 있다'고 말했다. 그러니 팀장들은 코칭 대화로 유전자에 저항했으면 한다. 잃을 것은 쇠사슬이요. 얻을 것은 사람이다.

# 22.
# "저 너무 힘들어요"라고
# 말한다면

코칭 대화를 배우기 전의 팀장은 코칭이란 한 수 가르쳐주는 것이라고 이해하고 있다. 그리고 코칭해야겠다고 마음먹는 순간 보통은 '어떤 말을 해야 할까' '그 말을 어떻게 해야 할까' 하고 고민한다. 코칭을 배우고 나서부터는 스스로 답을 찾게 하는 게 핵심이라는 걸 이해하고 '어떤 질문을 해야 할까?'에 골몰한다. 하지만 코칭에서 가장 중요한 점은 말하고 질문하기 전에 '듣기'가 먼저라는 점이다. 제대로 들어야 핵심을 파악하고, 스스로 성찰할 수 있는 질문을 할 수 있다. 그러니 귀 기울여 잘 들어야 한다.

경청은 '성공으로 이끄는 코칭 대화의 시작'이자, 사실상 가장 중요한 단계라고 할 수 있겠다. 우리는 앞서 코칭이 성공하려면 나와 상대방 사이에 신뢰가 있어야 한다고 말했다. 정확히는 상대방

PART 4. 슬기로운 대화, 여유로운 팀장

이 나를 신뢰할 만한 사람으로 생각해야 내 코칭이 효과를 발휘할 수 있다. 신뢰를 쌓는 경청, 질문, 인정과 칭찬, 피드백의 네 가지 중 가장 선행되어야 할 게 바로 경청이다. 그래서 '코칭의 시작'일 수밖에 없고, 가장 중요하다고 말하는 것이다. 새로운 사람을 만났을 때 상대방이 내 이야기를 잘 들어주면 그 순간 내가 존중받는 느낌이 든다.

사람은 언제 진심이 담긴 자기의 속 이야기를 하게 될까? 바로 자신이 존중받고 있다고 느낄 때 자기 이야기를 하게 된다. 반대로 존중받지 못한다고 생각되면 방어적으로 변하게 된다. 특히 서양에 비해 우리나라 사람들에게 이 성향이 더 강한 듯하다. 외국인들은 상대방이 마음에 안 들어도 그의 말이 합리적이라고 생각되면 듣는 힘이 더 강한 것 같다. 우리나라 사람들은 내용의 합리 여부를 떠나서 '뭔가 나를 존중하지 않는 것 같아'라고 느끼면 상대방의 말을 거의 듣지 못한다. 왜 그럴까?

## 고맥락 문화의
## 우리 사회

문화인류학자 에드워드 홀<sup>Edward T. Hall</sup>은 자신의 저서 《문화를 넘어서<sup>Beyond Culture</sup>》에서 문화를 설명할 때 고맥락<sup>high context</sup>, 저맥락<sup>low context</sup>의 개념을 등장시켰다. 저맥락 문화에서는 사람들의 대화가 직접적이고 명료하다. A는 A인 것이다. 그래서 말을 그대로 받아들이는 데 비해 고맥락 문화에서는 사람들의 대화가 우회적이고 모호하다. 관계를 고려한 대화이기 때문에 굉장히 함축적인 경우가 많다.

예를 들어보자. 집에 찾아온 손님에게 "커피 한잔하시겠어요?"라고 물었는데 손님이 "아니요"라고 대답한 상황이다. 저맥락 문화에서는 말 그대로 거절하는 표현이다. 커피를 이미 여러 잔 마셨거나 커피를 좋아하지 않는다는 말이다. 하지만 고맥락 문화에서는 주면 좋지만 상대방을 번거롭게 할까 걱정되어 예의상 거절하는 경우도 포함되어 있다. 고맥락 문화의 손님에게 저맥락 문화로 해석해서 "싫다고요? 알겠습니다" 하면 고맥락 문화의 손님은 '아니 한 번만 묻고 말아? 너무 정 없는데' 할 것이다.

회사에서 일하기에는 저맥락의 문화가 좋은데, 우리나라에서는 고맥락의 문화로 일하기 때문에 골치가 아프다. 그래서 "개떡같이 이야기해도, 찰떡같이 알아들어야지" "꼭 말을 해야 알아들어요?" "눈치가 없어, 눈치가"라는 말들이 횡행하는 것이다.

외국인에 비해 한국인은 여러 가지 비언어적인 상황에 훨씬 더 민감하다. 즉 분위기, 찌푸려진 미간, 목소리, 팔짱, 빨개진 귀, 꽉 쥔 주먹 등에서 벌써 '당신이 저를 존중하지 않는군요'를 알아챈다는 것이다.

고맥락 사회이니 존중받지 못한다는 것에 더 민감하고, 그 순간 모든 생각이 멈춘다고 보면 된다. 그러니 의자를 바싹 당겨 앉고, 고개를 상대방에게 살짝 들이밀어서 그가 무슨 말을 하는지, 저맥락과 고맥락을 둘 다 이용해서 잘 들어줄 일이다.


## 이야기하지 않는 게
## 미덕이 되다

에드워드 홀의 고맥락-저맥락 모형과 함께 경영학에서 많이 배우는 비교문화분석 방법도 알아둘 만하다. 네덜란드의 조직심리학자 게르트 홉스테드 Geert Hofstede 의 문화차원 이론이다.

홉스테드는 IBM에 근무할 당시, 하급자들이 상급자들의 눈치를 보지 않고 직접 의사 전달을 할 수 있는 정도가 나라에 따라, 문화에 따라 다르다는 점을 발견했다. 약 6년간에 걸친 연구에서 70여 개국 약 10만 명의 IBM 팀원에게 설문조사를 실시한 결과 국가별 문화의 차이를 일반화시키게 된다. 그 문화 차이는 개인주의 individualism 와 집단주의 collectivism, 권력 격차 power distance, 불확실성 회피 uncertainty avoidance, 남성다움 masculinity과 여성다움 femininity의 차원 등으로 구분했다. 여기서 권력 격차를 잠깐 살펴보자면, 이 지수는 구성원 간에 권력 배분의 차이를 의미한다. 점수가 높을수록 리더의 권위를 인정하고 복종하는 경향이 강하다. 한마디로 윗사람들의 의견에 토를 달기 쉽지 않다는 말이다. 한국은 60점으로 평균보다 높다. 또 중국이 80, 멕시코 81점으로 아시

아와 중남미 국가의 점수가 높았고, 북미나 서구 국가들이 낮은 경향을 보였다.

점수에서도 알 수 있듯이, 한국의 조직사회에서는 부하팀원이 상사에게 이야기를 잘 하지 않는 것이 문화로 자리 잡았다. 당연하다. 어려서부터 그렇게 교육 받아왔고, 그게 맞다고 여기는 신념이 내재화되어 있기 때문이다. 이걸 어떻게 끄집어낼까?

말을 하지 않으니 더 열심히 들어야 한다. 경청해야 상대방이 자신의 이야기를 시작하고 몰입하게 된다. 몰입할 때 자기 탐색이 시작되고 스스로 진짜 답을 찾는 프로세스가 일어난다.

다시 한번 정리해보자. 코칭을 시작하려면 코칭 환경이 갖춰져야 하는데, 그것이 신뢰다. 그리고 신뢰를 쌓기 위해 제일 먼저 해야 하는 것이 '경청'이다.

## 듣고 이해하는 것은
## 50점짜리

경청할 때는 유념해야 할 것이 두 가지 있다. 첫째, 내용 그 자체를 잘 듣는 것으로, 내용과 함께 상황과 정보를 파악하는 것이다. 둘째, 잘 들어주고 있다는 표현이다. 사람들은 흔히 경청이라고 하면 상대방이 말한 내용을 잘 알아듣는 것으로만 생각한다. 그래서 내용을 다 알아들었다고 파악하면 '경청했다'고 생각하게 된다. 하지만 이런 경청은 50점짜리다. 잘 들었다는 표현, 상대방에 대한 존중이 충분히 표현되어야 100점짜리 경청이 된다.

팀원이 옆에서 이야기하는데, 팀장은 바빠서 책상의 서류를 보면서 대화하는 상황이라면 어떨까. 팀장은 귀를 통해 첫째 조건은 충족했다. 즉, 내용 자체는 다 듣고 있다. 그런데 둘째 조건, 즉 잘 듣고 있다는 표현이 안 되고 있기 때문에 팀원은 '내 말이 중요하지 않은가?'라는 느낌을 받을 것이다. 그러다 보면 반감이 생기고, 팀장으로부터의 피드백이 팀원이 원하는 방향이 아닐 경우 십중팔구 거부하게 된다. 그러니 첫째 조건뿐 아니라 둘째 조건까지 충족해야 비로소 상대방이 존중받고 있다고 느끼게 된다. 그제야 상대방은 내 이야기나 피드백을 들어줄 수 있는 여력이 생긴다. 즉, 경청을 잘하면 내가 말할 수 있는 공간이 생기는 것이다.

그렇다면 경청을 어떻게 할 것인가?

이제 경청의 기술적인 부분을 살펴보겠다.

첫 번째 기술은 말을 들어주며 요약하기다. 이는 들어주기의 출발점인데, 상대방이 하는 이야기 그대로 받아주고 수용한다는 표현이기도 하다. 특히 상대방의 말이 길어질 때 쓰면 효과가 좋다.

사용 사례는 다음과 같다.

"현숙 씨가 지금 ○○한 상황이라는 이야기네요."

"그러니까 곽 대리의 말은 ○○라는 거죠?"

"아아, 영업팀이요."

"으음, 듣고 보니 ○○라는 말이지요?"

"그러니까 정리해보자면 ○○라는 거지요?"

"○○라는 뜻이군요."

두 번째 기술은 감정 들어주기다. 요약하기만 하면 명확하기는 한데 왠지 건조하고 정이 없어 보일 때가 있다. 이럴 때 사용하는 방법이다.

"와, 엄청 답답했겠네요."

"혼자서 일을 다 맡아 한다는 생각에 불공정하다고 느꼈을 것 같아요."

"잘할 때는 아무 말도 안 하다가 실수 한번 했다고 지적당했으니 일할 맛 안 나겠어요."

"열심히 했는데, 평가를 C 받아서 배신감 들었겠어요."

세 번째 기술은 욕구 들어주기다. 이것이 가장 고급 기술이다. 불편한 감정을 가진 사람의 마음을 다 알아주고 긍정적 욕구를 찾아서 알아주는, 아주 귀한 일이다.

"이제 자신의 커리어를 위해 다른 부서를 경험해보고 싶은 마음도 있겠어요." 현재 부서의 일이 안 맞는다는 팀원에게

"팀장인 내가 미리 알아서 조치해주길 바라는 마음이었겠어요." 무슨 업무부터 해야할지 모르겠다는 팀원에게

"자신이 만든 보고서가 의미 있게 활용되길 바라는 마음이 얼마나 크겠어요?" 열심히 한 일이 별로 의미 없는 일이 되어버린 팀원에게

"우리 팀의 업무가 팀원 모두에게 공정하게 배분되길 바라는

마음인 거죠?" 자신에게만 일이 몰렸다는 팀원에게

네 번째로는 특히 강조하는 것으로, 적극적인 호응이다.

"네, 네" "정말 그렇네요" "와" "정말요?" "대단해요" 등의 호응을 통해 동조하고, 고개를 끄덕이거나 추임새를 넣거나 눈을 마주치거나 같이 웃어주고 눈시울을 붉혀주는 등 여러 가지 기술들이 있다. 축구를 하려면 가장 기본적으로 해야 할 일이 유니폼으로 갈아입고 축구화를 신는 것이다. 경청도 기술로 들어가기 전에 해야 할 것이 있다. 바로 '판단 중지'다.

코칭을 배우다 보면 늘 경계해야 한다고, 귀에 딱지가 앉을 만큼 듣는 말이 있는데, 그게 바로 '판단하지 말라'다. 속으로 '그럴 줄 알았어'라는 말이 나오는 것을 간신히 참는가? 아직 경청할 준비가 되지 않았다는 신호다.

"너도 네 욕심만 채우는데, 다른 사람은 안 그러겠냐?"

"왜 고 과장 밑에 있는 애들은 다 그렇지?"

"차 대리가 이러니 다른 팀원들도 저 모양이지."

"당신이 문제야."

이런 말들이 바로 내 마음속에서 자동적으로 일어난 판단이다. '판단 중지'를 정확하게 설명하자면 '판단한 것을 잠시 내려놓고 사용하지 말라'는 것이다. 속으로 '당신이 문제야'라는 생각이 올라온 것은 어쩔 수 없다. 이미 판단이 든 것이다. 이때 '상대방은 어떤 마음일까?'에 집중하면 바로 전에 한 판단을 사용하지 않을 수 있다.

다시 한번 강조한다. 판단하는 순간 상대방을 문제 있는 사람으로 본 것이다. 판단이 일어났을 때 상대방의 입장과 마음에 집중하면 판단한 것을 잠깐 내려놓을 수 있다. 그제야 상대방을 문제 없는 사람으로 볼 수 있다. 물론 문제가 있을 수도 있다. 세상에 아무 문제 없이 완전무결한 사람이 어디 있겠는가? 문제는 나도 있고, 상대방도 있다. 다만 그 문제를 들추기 전에, 문제를 문제로 삼기 전에 상대방이 어떤 상황에 놓여 있는지, 상대방의 마음은 어떨지, 상대방을 이해하는 방향에 집중하면 대화하는 팀원도 계속해서 팀장을 바라보게 된다.

코칭 대화에서는 '거울에 비춰준다'는 말이 있다. 상대방의 마음을 내 말로 비춰주는 것이다. '아, 내가 힘들었구나' '이게 그런 거였네' 등 대화 속에서 자신을 정리하게 된다는 의미다. 그 단계에서 반전이 일어난다.

팀원이 힘들다고 토로했다고 하자. 그 팀원의 마음속에는 무엇이 있어서 힘들다고 느꼈을까? 그것은 잘하고 싶은 마음이다. 그것 없이는 힘들다는 이야기를 안 한다. 그 마음을 모르면 아마도 이런 말이 나올 것이다.

"힘들긴 뭐가 힘들어."

"나 때는 새벽까지 주 7일 근무했어요."

"이래서 직장생활 하겠어요?"

"참아봐요. 인내는 쓰고 결과는 달다는 말 알죠?"

그런데 이처럼 이야기한다고 힘들다고 토로한 팀원이 마음을 고쳐먹고, 자기 상황이 힘든 게 아니라고 더 노력하게 될까? 그냥 팀장은 말이 통하지 않는 사람이라고 생각하고 입을 다물게 된다. 하지만 힘들다는 팀원의 말에 "그래요. 유 과장 힘들 것 같아요. 유 과장이 팀원들 이끌어 성과를 내고 싶은 거잖아요"라고 해주면 그 욕구를 알아주는 것이 되고, 들어주는 것이 된다.

## 감정 먼저 들어주고 욕구를 듣자

한편 상대방이 약이 올라 있다면 욕구 들어주기가 잘 안 먹힌다. 그때는 감정을 먼저 들어주는 것이 좋겠다. 사례를 통해 설명해보겠다.

"팀장님, 김 대리가 다른 팀원들에게 저에 대해 안 좋은 소리를 하고 다닌다는 이야기를 들었어요."

앞에서 공부했던 대로 대응하자면 여기서 좋은 답은 "다른 사람 통해서 그 이야기 들었으니 황당했겠네요"라고 그의 말도 받아주고 감정도 알아주면 좋은 대답이 될 것이다. 뒤이어 욕구 들어주기가 필요하다. 이 대화에서 팀원의 밑바닥에는 어떤 마음이 감춰져 있을까? '나에게 직접 이야기하면 좋을 텐데' 하는 욕구, 존경받았으면 하는 욕구들이 있을 것이다. 그러니 다음과 같이 덧붙이면 좋겠다.

"김 대리에게 직접 이야기를 들었더라면 더 나았을 텐데요…."

"회사에서 좋은 평판을 유지하는 게 당신에게 중요한 의미일 텐데, 충격받지 않았어요?"

종합해보자면 경청은 단순히 기술이 아니라, 오랜 시간의 관찰과 그 사람에 대한 인정 등이 녹아 있어야 한다. 그래서 쉽지 않은 것이다.

여기서 감정과 욕구는 굳이 순서가 정해져 있지 않으므로 상황에 따라 적용하면 된다. 다만 첫 단계부터 욕구 들어주기를 하는 것이 쉽지 않고, 불편한 마음이 풀어지지 않은 상황에서 욕구 들어주기는 경험상 그 효용성이 크지 않다는 사실을 연습하다 보면 알게 될 것이다. 한 1, 2년쯤 코칭을 계속하다 보면 그것이 얼마나 중요한지, 능숙해지면 얼마나 큰 효과를 내는지 깨닫게 된다.

독자 여러분도 언젠가 그 쾌감을 느껴보기를 바란다.

# 23.
# 퇴사하겠다고요?

팀장으로서 팀원을 코칭하는 방법을 이야기하면서, 팀장이 어떤 사람인지 본격적으로 이야기하지는 않았다. 팀장은 말 그대로 팀의 책임자다. 우리나라의 기업들은 과거 부部와 과課 등의 조직 구성이었던 것이 1990년대 후반부터 팀제가 보급되면서 현재의 팀 단위 조직이 되었다. 팀장은 직책으로, 보통은 부장들이 맡지만 일부 대기업에서는 임원, 사장도 팀장인 경우가 있다. 따라서 팀장이 거느리는 팀원의 수는 수 명에서 수십 명, 수백 명에 달할 수도 있다. 팀원이 수 명인 팀장의 경우 관리와 함께 실무에도 깊숙이 관여하게 되지만, 수백 명을 거느린 팀장의 경우는 그야말로 관리가 업무의 태반을 차지할 것이다.

팀원의 많고 적음을 떠나 팀장의 고민은 많은 부분 팀원들로부터 시작된다. 팀원들을 이끌어 팀의 목표, 나아가 회사 목표를 달성하는 것이 가장 큰 과제이고 그 과정에서 나타나는, 앞서 보았던 사례들, 즉 성과에 대한 불만, 팀원 간 트러블, 회사 목표와 팀원들의 워라밸 조율까지, 신경 써야 할 게 한두 개가 아니다.

이렇게 고민이 많은 팀장인데, 그 고민 중에서도 가장 마주하기 싫은 상황은 이것이 아닐까 싶다.

"저 퇴사하겠습니다."


## 퇴사를 밝힌 팀원에게 해서는 절대 안 되는 말

지금도 일손이 부족한데 나간다고 하다니, 당장 그 팀원이 진행하고 있는 프로젝트는 어떻게 할지, 퇴사한다고 해서 금방 충원해주지도 않을 텐데 그때까지 어떻게 버틸지, 또 팀원의 퇴사로 인해 관리책임자로서의 내 평판은 어떻게 될지… 머릿속이 엉망이 되어버린다. 이럴 때 초보 팀장들이 저지르는 실수가 있다.

"에이… 또 왜 그래요? 이따 같이 술 한잔해요."

팀장도 팀장 전에는 팀원이었고 선임을 거쳤다. 팀원 중 누군가가 퇴사에 대한 고민을 상담해오면 술자리에서 들어주고 같이 회사 욕도 해줬을 것이다. 하지만 지금은 팀장이다. 팀원이었을 때와는 입장도 상황도 다르다. 상대방이 퇴사를 언급했을 때의 마음도 분명히 다를 것이다. 따라서 '술 한잔'으로는 해결되는 상황이 아니다.

더구나 '또'라는 단어를 썼다면, 팀원의 마음에 상처를 남겼을 것이다. '또'라는 단어가 어떻게 들릴까? 물론 팀장은 그 말이 상대방에게 어떻게 들릴지 상상도 못 했을 것이다. 그러니 평상시처럼 말하는 것이다.

다른 실수 하나는 그 자리에서 바로 면담하기에는 부담스러워 일단 뒤로 미루는 일이다. 팀원이 팀장에게 퇴사를 이야기하기까지 얼마나 고민했겠는가? 며칠, 아니 몇 달째 고민했을 수도 있다. 그렇게 고민한 끝에 겨우 입을 뗐는데 팀장은 대수롭지 않게 여기는 것처럼 보였을 수 있다. 물론 그 팀장도 바빴을 것이다. 왜 안 그렇겠는가? 팀장들은 늘 바쁘지 않은가? 팀장은 나름대로 마음을 다잡고 진지하게 이야기하고 싶어서, 일 끝내고 시간을 내려고 한 것이다. 하지만 그 선의가 왜곡될 수 있다. 그러니 비상 상황이 아니라면 무조건 하던 일을 멈추고 면담에 들어가야 한다. 그래야 '적어도 팀장님은 내 일을 중요하게 생각하시는구나' 하는 마음이 들 것이다. 원래 회사에 나를 믿어주는 사람이 한 명만 있어도 회사를 떠나려는 마음을 접는 법이다. 지금부터라도 그 한 명이 내가 되어야 한다.

## '퇴사'를 말한
## 배경 살피기

팀원들이 이직한다고 하는 이유는 여러 가지가 있다. 상사 및 동료들과 사이가 좋지 않다거나 회사 상황이 안 좋아서, 동료들이 많이 이직하는 바람에 일손이 부족해 일이 너무 몰린다거나, 개인적인 이유로 이직할 수도 있다. 이유는 여러 가지라도 대화의 방법은 정해져 있다.

사례를 본격적으로 펼치기 전에 하나만 짚고 넘어가겠다. "저 회사 그만둘래요"라는 말을 회사에서 가장 처음으로 듣는 팀장인가, 가장 마지막으로 듣는 팀장인가?

마지막으로 듣는 팀장이라면, 그동안 코치로서의 팀장 역할 수행이 부족했다는 뜻이다. 그런 경우라면 무슨 말을 하든, 어떤 대책을 세워주든 간에 붙잡을 수 없는 상황이다. 퇴사 서류에 나가는 이유를 쓰는 란에 '팀장 때문에 나갑니다'라고 쓸지도 모를 일이다. 왜냐하면 팀장이 직접적인 가해자가 아니더라도 팀장을 믿지 못하고, 팀장과 대화하는 게 도움이 안 된다고 평소에 생각하고 있는 게 분명하기 때문이다.

반대로 퇴사 발언을 팀장이 처음으로 듣는 상황이라면 진짜 그만두겠다는 뜻이 아니라 '팀장님, 저 이런 일이 있는데 해결할 수 있게 좀 도와주세요'라는 말로 해석해도 무방하다.

이제 사례를 통해 코칭 방법을 살펴보자. 회사 일이 너무 많아

## 254

서 번아웃 상태인데 마침 다른 회사에서 괜찮은 제안이 들어와 있는 상황이다. 팀원은 자신에게만 일이 너무 몰리고 있는 상태라고 생각한다.

―――――――――――― 66 ――――――――――――

**윤 과장**   팀장님, 저 회사 그만두고 싶습니다.

**허 팀장**   회사를 그만둔다고요?

**윤 과장**   네, 그만두고 싶습니다.

**허 팀장**   잠깐 이야기 좀 할까요? 그 이야기를 하러 오기까지 고민 많았지요?

**윤 과장**   네, 팀장님. 한두 달 정도 고민했습니다.

**허 팀장**   그래요. 정말 많이 고민했네요. 더군다나 윤 과장님 같은 경우라면 책임감도 강하고 애사심도 큰데, 그런 만큼 더 힘들었을 것 같아요.

**윤 과장**   네… 사실 팀장님 뵐 면목도 없고 이 회사에서 잘해보고 싶은 마음이긴 한데, 일이 너무 많고, 솔직히 다른 곳에서 오라는 제안도 받아서요. 그래서….

**허 팀장**   이게 쉬운 결정이 아니었을 텐데… 지금 저에게 이야기 하러 왔다면 저쪽 제안에 대해서 호기심이 있을 것도 같 네요.

**윤 과장**   꼭 그런 건 아니고요. 이직하게 되면 새로운 환경에 적응

| 허 팀장 | 해야 하고, 일도 새로 배워야 하는 어려움도 있어서 고민이 되긴 합니다. |

**허 팀장**　이직할 때의 어려운 점에 대해서도 고민했군요.

**윤 과장**　네, 바로 그거예요.

**허 팀장**　아직은 어떤 게 좋겠다고 확실하게 결정한 거 같진 않아 보이네요.

**윤 과장**　사실, 100퍼센트 결정한 건 아니고요. 약간 기울어졌다고 할까요.

**허 팀장**　저는 윤 과장님이 좋은 선택을 하는 걸 지지해요. 다만 여러 가지 문제를 차분하게 생각해보고 결정하길 바라요. 그리고 오늘 이 대화가 더 좋은 선택을 할 수 있는 계기가 된다면 좋겠어요. 우리 회사를 계속 다니더라도 그런 고민을 다 한 다음에 다니는 것이 좋을 것 같고, 가더라도 마찬가지로 다 고민하고 가야 후회가 없을 것 같아요. 퇴직이라는 것이 보통 여기는 알아서 싫고 저기는 몰라서 좋다는 이유로 감행되는 경우가 많으니까요.

**윤 과장**　그러게요. 저도 직장을 벌써 세 번째 옮겼는데, 옮긴다고 다 좋은 건 아니더라고요. 떠났다고 다 나쁜 것도 아니고요.

**허 팀장**　역시 윤 과장님, 경험에서 깨달음을 얻으니 좋네요.

**윤 과장**　별말씀을요. 관련해서 이야기를 좀 더 나누고 싶은데, 혹시 이따 오후에 시간 되세요?

**허 팀장**　당연하죠.

| 윤 과장 | 그럼 이따가 더 의논드리겠습니다. |
| 허 팀장 | 네, 더 이야기나눠요. 저에게 먼저 이야기해줘서 고마워요. |

———————————— 99 ————————————

## '한 명이 없어서' 퇴사한다

회사를 그만두려는 이유는 여러 가지가 있겠지만 '한 명이 없어서'라는 사실도 아주 큰 이유라고 한다. 회사에 믿고 따를 만한, 나를 인정해주고 믿어주는 단 한 사람이 없어서 그만둔다는 것이다. 일이 힘들고 월급이 적고 관계가 안 좋아도 회사에 나를 전적으로 믿어주는 단 한 사람이 있어야 하는데, 그 사람이 팀장이어야 할 것이다.

그러니 퇴직 면담이 들어오면, 그 사람 입장을 충분히 들어주고 이해하는 것에서 출발하자. 팀장 입장에서 이야기하게 되면 '뭐? 그만둔다고? 그럼 이 일은 누가 해?'라는 생각이 가장 먼저 들 것이다. 하지만 퇴직은 철저하게 그 사람 입장이다. 말 못 하고 참다가 끝내 이야기했다면, 이제 진짜 자신을 위한 선택이다.

이런 상황이야말로 상대방의 입장을 들어볼 필요가 있는 시점이다. 왜 그랬는지, 언제부터 그런 생각을 했는지, 어떤 것들을 바라보고 나아가려 하는지… 그 가운데 어떤 어려움이 있었는지에 관해 집중해서 이야기를 들어주자. 그러려고 마음먹고 듣다가도 그렇게밖에 못 보는 그가 안타깝고 답답해져서 "어쩔 수 없었잖아요"라는 말이 입에서 튀어나오려고 할 수도 있다. 꾹 눌러놓자. 그것은 뻔한 변명으로 들릴 것이고, 지금 이 순간 전혀 도움이 안 된다. 지금은 나나 회사의 입장을 이해시키는 시간이 아니라 그의 입장을 이해하는 시간이다.

"정말 힘들었겠네요" "그러니까 이러이러하다는 말이지요?" "이제 이야기하는 걸 보니, 그동안 마음고생이 심했겠어요" "나에게 이야기할 정도면 얼마나 고민했겠어요?"라는 식의 어려움을 들어주는 대화에 집중할 것을 추천한다.

리더가 말을 잘한다고 마음을 바꾸는 경우는 극히 드물다. 그 대신 말을 잘 들어주면 마음을 바꾸는 경우가 제법 있다. 물론 "그만두겠습니다"라는 말을 회사에서 가장 처음 들었다면 그 확률은 더 높아진다.


## 치료보다
## 예방이다


우리는 튼튼할 때는 건강에 그다지 신경 쓰지 않다가 병에 걸리고 나서 후회한다. 병에 걸려서 병원에 가기 전에 평소에 면역력을 키우고 운동하고 식사에 신경 쓰는 등 예방하는 것이 좋다. 팀장도 그렇다. 퇴사한다는 팀원 앞에서만 코치가 되지 말고 평소에 코치가 되어야 한다. 잘 들어주고, 잘 믿어주고, 잘 지원해야 한다.

하인리히 법칙 Heinrich's law이라는 것이 있다. 1931년 허버트 윌리엄 하인리히 Herbert William Heinrich의 《산업재해 예방: 과학적 접근 Industrial Accident Prevention: A Scientific Approach》이라는 책에 소개된 법칙이다. 보험사에서 근무하던 그는 특이한 패턴을 발견하게 된다. 수많은 사고 통계를 통해, 산업재해가 발생해서 중상자 한 명이 나오면 그전에 같은 원인으로 경상이 발생한 경우가 29건, 같은 원인으로 부상을 당할 뻔한 잠재적인 부상자가 300명이 있었다는 사실을 알아낸 것이다. 그래서 '1:29:300'이라는 법칙을 발표하게 된다. 큰 사건이 터지기 전에 29건의 작은 사고가 있고, 29건의 작은 사고가 있기 전에는 300건의 조짐, 징후가 있다는 이야기다.

팀원의 '퇴사'에 대입해보면, 한 명이 퇴사하게 되면 같은 원인으로 29명이 심각하게 고민하고 있었다는 이야기이고, 같은 원인으로 300번의 "아 정말 회사 못 다니겠네"라고 말할 만한 사건이 있었다는 이야기다. 달리 해석해보면, '팀원 한 명의 퇴사'에는 그동안 팀 내에 29번의 '참음'이 있었고, 300번의 '상처받음'이 있었다는 뜻이다. 그러니 처방하지 말고, 예방하자. 그래서 팀장들은 '코치'가 되어야 한다.

# 24.
# 중요한 미팅을 앞두고
# 휴가를 쓴다는 팀원

"나 때는 말이야"라고 이야기를 꺼내면 바로 옛날 사람, 즉 '꼰대'라고 취급받기 십상이다. 그만큼 거리감이 느껴지기 때문이다. 전 세계적으로 특정 세대의 특징을 분석하며 구분 짓는 것도 그들이 그만큼 앞선 세대와 다른 상황에서 자랐고 그에 따라 다른 가치관을 갖고 있기 때문이다.

그리고 요즘의 젊은 세대를 구분하는 큰 특징 중 하나는 아마도 '워라밸'일 것이다. 과거 20세기에 직장생활을 한 사람들에게 직장은 삶의 울타리였고 인생을 함께하는 동반자였다. 하지만 1997년 외환 위기를 겪은 뒤 '평생직장'의 의미가 사라지고 직장인들에게 직장과 삶은 분리되어 버렸다.

젊은 세대에게 일은 일이고, 삶은 삶이다. 나의 행복과 일은

PART 4. 슬기로운 대화, 여유로운 팀장

전혀 별개의 문제다. 어차피 월급 받아서 집 사는 것은 언감생심이고 결혼조차도 쉽지 않다. 그러니 일한 만큼만 받아서, 자신이 원하는 삶을 자유롭게 살고 싶은 것이 그 세대의 특징이다. '트레바리'에 가서 독서모임도 하고, '탈잉'이라는 사이트에서 배우고 싶은 것을 배우며, '클래스 101'에서 원하는 수업도 듣고, 해외여행도 젊을 때 최대한 많이 가보고 싶다.

요즘 웬만한 직장은 복지가 잘되어 있어 연차가 법적으로 보장되니, 알뜰하게 사용하면 여행을 가는 데는 문제가 없다. 또한 기업에서도 팀원이 연차 휴가를 사용하면 연차수당을 지급하지 않아도 되니 누이 좋고 매부 좋은 제도다.

그런데 여기서 팀장들은 고민이 깊어진다.


## 세상이 변하면
## 사람도 변해야 한다


'배달의 민족'으로 알려진 우아한형제들이라는 회사의 사무실 벽에는 '송파구에서 일을 더 잘하는 방법 11가지'가 붙어 있다고 한다.


1. 9시 1분은 9시가 아니다.

2. 실행은 수직적! 문화는 수평적~.

3. 잡담을 많이 나누는 것이 경쟁력이다.

4. 쓰레기는 먼저 본 사람이 줍는다.

5. 휴가나 퇴근 시 눈치 주는 농담을 하지 않는다.

6. 보고는 팩트에 기반한다.

7. 일의 목적, 기간, 결과, 공유자를 고민하며 일한다.

8. 책임은 실행한 사람이 아닌 결정한 사람이 진다.

9. 가족에게 부끄러운 일은 하지 않는다.

10. 모든 일의 궁극적인 목적은 '고객창출'과 '고객만족'이다.

11. 이끌거나, 따르거나, 떠나거나!


모든 것이 다시 한번 생각해보게 만드는 글귀인데 그중에서도 5번이 눈에 띈다.

'휴가나 퇴근 시 눈치 주는 농담을 하지 않는다.'

우아한형제들에서 팀장 교육을 진행하면서 한 팀장에게 실제로 이 이야기를 듣고 감동했다. "휴가에는 이유가 없습니다"라는 말이 팀원이 아니라, 팀장 입에서 나왔기에 더 그랬다. 그 조직의 문화가 어떨지, 대번에 이해가 갔다. 부럽기도 하면서 놀랍기도 했다. 또 격세지감도 느꼈다. 그런가 하면 아직도 여건상 그렇지 못한 회사도 많다. 문화라는 것이 한 번에 바뀌는 것이 아닌지라, 휴가를 쓰고 싶다고 말하려면 여전히 눈치 봐야 하고 '써도 되나?' 걱정해야 하는 곳도 많다.

## 누구나 휴가는
## 쓰고 싶지만…

팀장과 팀원이 같이 참여해야 하는 중요한 영업미팅을 한 주 앞두고 있는 상황에서 이번 주 목요일이 법정 공휴일이다. 금요일에 연차를 쓰면 나흘을 쉴 수 있다. 이런 상황이면 사실 팀원뿐만 아니라 팀장도 휴가를 쓰고 싶을 것이다. 하지만 중요한 영업미팅을 앞두고 있으니 팀장은 금요일 연차는 엄두도 못 낸다. 그런데 팀원이 금요일 연차를 내겠다고 결재를 올렸다. 이럴 때 어떻게 해야 할까?

| | |
|---|---|
| **박 팀장** | 정 대리, 금요일 연차 냈네요? |
| **정 대리** | 네. 이번 주가 샌드위치데이라서요. |
| **박 팀장** | 그래요? 다음 주에 중요한 영업미팅 있는 거 몰라요? |
| **정 대리** | 알고 있습니다. |
| **박 팀장** | 알고 있으면서 연차를 내요? 생각이 있는 거예요? |
| **정 대리** | 거의 다 준비됐고, 어차피 팀장님께서 마무리하시는 거라서… 제가 할 거는 거의 다 된 것 같은데요? |
| **박 팀장** | 그래도 내가 마무리하다가 모르는 거 있으면 물어보고 싶은데 말이에요. |

| 정 대리 | 네. 그래도 오래전부터 가족하고 한 약속이라서요. |
|---|---|
| 박 팀장 | 누구는 가족 없나? 나도 연휴 붙여서 쉬고 싶어요. 나 여름 휴가 못 간 거 알죠? |
| 정 대리 | 네, 근데 그걸 왜 저한테 그러세요. |
| 박 팀장 | 다음 주에 진짜 중요한 미팅인데…. 어쨌든 정 대리가 휴가 낸다고 하니까 다녀와요. 근데 마음이 좀 그렇네요. 정 대리도 팀장 되면 내 마음 알 거예요. |
| 정 대리 | 네…. |

"

박 팀장의 대화 목표가 뭐였을까? 혼내려는 것이었을까? 휴가를 포기하고 일하게 하려는 것이었을까? 팀장이 대화의 목표가 정립되지 않은 상태에서 대화하게 되면, 팀원은 '도대체 뭘 말하려는 거야? 뭘 얻자고 저렇게 이야기하는 거지?'라며 답답해한다. 아예 속시원하게 '조심해라' '영업미팅 무척 중요하니까 가지 마라' '잘 다녀와라' '다음부터 미리 상의해라' 결정하고 이야기해야 한다. 깔끔하게 보내주면 좋은 것이고, 못 가게 하면 나쁘다는 문제가 아니다. 중요한 것은 대화의 목표를 확실하게 정하고 대화를 시작하는 것이다.

목표를 세우고 나면 목표에 따라 대화가 달라진다. 보내줄 목표를 세웠다면 아예 시원하게 이야기하라.

# 264

"정 대리 휴가 가네요? 좋겠다. 잘 다녀와요. 바쁜 와중에도 가족 챙기는 모습이 보기 좋네요."

이렇게 이야기하면 점수라도 따지 않을까?

## 대화하기 전에
## 목표를 먼저 정하라

그렇다면 같은 상황에서 코칭 대화는 어떻게 해야 할까?
아래 대화를 살펴보자.

──────────── 66 ────────────

**박 팀장**  정 대리, 금요일에 휴가 냈네요?

**정 대리**  네, 이번 주가 샌드위치데이라서요.

**박 팀장**  별일 있는 건 아니죠?

**정 대리**  다음 주에 중요한 영업미팅이 있긴 한데, 배우자가 갑자기 여행 예약을 하는 바람에요.

**박 팀장**  당황스러웠겠네요.

**정 대리**  네. 당황스럽기도 한데, 부모님 모시고 간다고 하니까 뭐라 말은 못 하겠고….

**박 팀장**  나한테 어떻게 이야기하나 고민 많았겠네요.

| | |
|---|---|
| **정 대리** | 네… 그게 가장 고민되더라고요. 팀장님께서 양해해주시면 다녀와서 더 열심히 해야겠다는 생각을 했습니다. |
| **박 팀장** | 고민 많이 했고, 그 결과로 휴가를 결정했군요. 회사의 일도 중요하지만 배우자의 의견이나 제안도 그냥 나온 것은 아니었을 테니 정 대리님의 결정에 대해서 존중해주고 싶어요. |
| **정 대리** | 감사합니다, 팀장님. |
| **박 팀장** | 약간 아쉬운 마음이 드는 게 하나 있는데 이야기해도 될까요? |
| **정 대리** | 네…. |
| **박 팀장** | 정 대리님도 이번 미팅 중요하다는 거 알고 있는 것 같으니 이야기할게요. 자료가 아직 부족한 부분이 있는 상황에서 휴가 이야기를 들으니, 나도 좀 당황스러웠고요. 정 대리의 결정을 존중해주고 싶은 마음이 있는 것도 사실이지만요. |
| **정 대리** | 그래서 갈까 말까 고민 많이 했습니다. |
| **박 팀장** | 그랬을 것 같아요. 한 가지 걸리는 것은, 휴가 이야기를 어제만 들었어도 뭔가 좀 더 대책을 세울 수 있었을 것 같은데, 도대체 나의 무엇이 정 대리님으로 하여금 빨리 이야기하지 못하게 만든 걸까, 궁금하네요. |
| **정 대리** | 그건 아니고요. 좀 더 빨리 말씀드렸어야 했는데… 죄송합니다. 그래서 제가 어제 집에 가서 필요한 자료를 좀 더 만 |

# 266

들어보았습니다.

**박 팀장**      그래요? 미팅은 잘 준비하고 싶고, 또 팀장에게 넘기고 가는 부분이 마음에 걸렸군요.

**정 대리**      네, 팀장님.

**박 팀장**      가야 하나, 말아야 하나? 이야기해야 하나? 언제 이야기해야 하지? 어떻게 이야기해야 하지? 이런 마음들 때문에 고민 많았을 텐데, 그런 와중에도 준비를 더 했다고 하니, 업무에 대한 책임감이 남다르고 참 든든하네요.

**정 대리**      중요한 미팅인데 팀장님도 걱정 많으실 것 같아서요. 이런 부분에 대한 자료는 여기에 있고, 저런 이야기 나올 때 필요한 내용은 여기 서류에 첨부해두었습니다.

**박 팀장**      그래요, 내 입장에서 준비해주었네요. 역시 믿음직해요.

**정 대리**      별말씀을요.

**박 팀장**      또 혹시 마음에 걸리는 부분이 있나요?

**정 대리**      사실 이런이런 부분들이 명확하지 않아서, 지금 자료를 보충하고 있습니다. 수요일 오전까지는 준비할 수 있을 것 같습니다.

**박 팀장**      척척 알아서 해주니 고맙네요. 좀 전에 하던 이야기를 마무리하고 싶은데 괜찮을까요?

**정 대리**      네, 팀장님.

**박 팀장**      오늘 분명하게 정리하고 싶은 것은, 나의 어떤 면 때문에, 아니면 나의 어떤 반응이 예상되어서 정 대리님이 저에게 미리 이야기를 못 했을까 하는 거예요. 말하는 것이 왜 어려웠을까? 그 이유를 알면 더 노력해서 풀 수 있을 것 같거든요. 혹시 내가 어려운가요?

정 대리   팀장님이 어려워서 그랬던 건 절대 아니고요. 죄송스러운 마음에 계속 미룬 것 같습니다. 다음부터는 알게 된 그 순간, 바로 말씀드려서 같이 해결하는 방법을 요청하겠습니다.

박 팀장   그러도록 하죠. 이번 휴가 잘 다녀오세요.

정 대리   네, 감사합니다.

---

"

---

가장 눈에 들어온 부분이 어떤 것인가?

"오늘 분명하게 정리하고 싶은 것은…."

대화의 목표를 확실히 각인시키는 이 부분이다. 팀원 입장에서 '팀장에게는 이게 가장 중요하다'는 인식이 머릿속에서 정리가 될 것이다. 이것이 대화의 목표가 되는 것이다.

팀장에게 코칭이란 그 시작이 역시 '팀원에게 문제가 있네'가 아니라, '팀원으로 하여금 바로 말을 꺼내지 못하게 만든 내 문제는 무엇일까?'에 대한 관찰과 반성에서 시작한다. 관계에서 상대방을 탓하는 순간 제대로 답을 찾을 기회는 날아가 버린다. 탓하니까 나아진 경우도 있지 않느냐고? 물론 있기는 하다. 하지만 그건 내가 잘해서 이루어진 게 아니라, 상대방이 훌륭해서 나아진 것일 뿐이다.

관계 속에서 어떤 상황이 벌어지면 그 책임은 반반이다.

"내가 문은 항상 열려 있다고 이야기하잖아요. 근데 왜 안 들어와요?"라고 이야기하는 것은 속된 말로, 무식한 접근법이다. 어떤 상황도 함께 만드는 것이다. 내가 상대방의 책임을 찾기 시작하면 상대방도 나의 책임을 찾기 시작한다. '팀원들이 들어오길 꺼리게 만드는 내 문제는 무엇이지?'라는 나의 성찰이 상대방 역시 성찰로 이끈다. 나는 내가 성찰해서 성장하고 상대방은 상대방 스스로가 성찰해서 성장하는 세상이 아름답다. 그 움직임은 항상 나로부터 시작한다.

그런 마음을 갖게 되면, 대화는 이전 대화와는 영 다른 양상으로 흘러가게 된다. 그래서 "당황스러웠겠네요" "나한테 어떻게 이야기하나 고민 많았겠네요" 하고 상대방을 존중하면서 경청이 가능해지는 것이다.


## 자기중심적 편향에
## 저항하라


팀원이 "다음 주에 중요한 영업미팅이 있긴 한데, 배우자가 갑자기 여행 예약을 하는 바람에…"라고 사실을 이야기하면, 팀원을 믿어주는 마음과 그 마음을 표현하는 기술을 모르는 팀장들은 아마 "다음 주 중요한 미팅이 있다는 걸 알면서 그래?" "그래도 미팅이 더 중요한 거 아닌가?" "여행 취소하고 다음에 가면 안 될까?"라는 자기중심적 대화를 하게 될 것이다. 자기 입장에서만 생각하면 부글부글 끓는 상황인데, 상대방 입장에서 생각하고 해결책을 고민하면, 내면으로부터 올라오는 자발적인 동기부여가 가능하다.

'지난주에 그런 일이 있었는데 오늘까지 이야기를 못 하다니 팀원의 마음이 편했을까?'

예상치 않았던 휴가를 쓰겠다는 말을 듣고 내 심사가 불편해졌는데, 저런 생각으로 전환한다는 게 쉬운 일은 아니다. 하지만 답을 알고 보면 못할 것도 아니다. 오른손잡이가 왼손을 쓰는 것처럼 어색하지만 한 번, 두 번 연습하다 보면 점점 익숙해진다. 자기중심적 편향은 본래 인간이 가진 고유한 특성이다. 그래서 어렵다.

헬스클럽에 이런 표어가 붙어 있는 걸 본 적이 있다. '운동을 하면서 가장 어려운 건 체육관에 오는 것입니다. 당신은 방금 그걸 해내셨습니다. 지금부터는 쉬운 것을 해보겠습니다.' 말을 살짝 바꾸어보겠다.

코칭을 하면서 가장 어려운 것은 마음을 먹는다는 것입니다. 당신은 방금 그걸 해내셨습니다. 지금부터는 쉬운것, '저 사람은 어떤 생각이고, 어떤 감정이었을까 생각하는 것'을 해보겠습니다.

이런 마음과 생각이 아니면 "정 대리는 꼭 미리 이야기 안 하더라" "정 대리는 그게 문제야"라는 식의 대화가 진행될 것이다. 결국 알면 다르게 생각할 수 있고 다르게 말할 수 있게 되며, 이게 익숙해지면 새로운 리더십 파워가 생긴다.

그런데 팀원들 챙기고 관리해야 한다는 건 알겠지만, 그러면 내 감정은 누가 챙기고 관리해주는가? 이것은 팀장에게 나타나는 전형적인 번아웃 이슈다. 위로는 깨지고 아래로는 눈치 보며 맞춰 줘야 하고…. 그럼에도 한 가지 희망이 있다. 그것은 우리가 가야 할 방향이 확실하다는 것이다. 터널도 계속 어둠만 있으면 지치고 포기하고 싶어지지만, 저 멀리 햇빛 찬란한 터널의 끝이 보이면 이상하게 안심이 되고, 없던 힘도 살아나지 않는가?

그러니 지금은 비록 힘들고 괴로워도 이것이 내가 다른 사람과의 관계를 단단하게 만드는 방식이며 내 삶을 풍요롭게 하는 방식으로, 회사는 물론 밖에서도 쓸 수 있는 좋은 방법임을 인식하는 것이다. 이 좋은 방법을 연습 상대가 있을 때 충분히 연습하는 거라고 생각해보면 어떨까?

## 팀원이 성장해야 팀장도 성장한다

팀원들의 성장을 통해 성과를 내는 것이 팀장의 근원적인 역할이지만, 팀장 역시도 성장해야 하는 존재다. 팀장 리더십 성장의 진짜 모습은 팀원과 팀장이 함께 성장하는 것이다. 성장! 성장에는 시간이 필요하다. 서로의 기다림이 필요하다. 발묘조장拔苗助長이라는 말이 있다. 빨리 자라라고 싹을 들어 올리는 걸 말한다. 성급하게 뭔가를 이루기 위해 수를 쓰면 오히려 일을 그르치게 된다는 교훈이다.

팀원과의 대화도 마찬가지다. 당장 눈앞의 결과만 보고서 다그치면 팀원들은 점점 더 말하지 않게 될 것이고, 그러면 관계가 나빠지고, 의욕이 떨어지고, 성과는 더욱 낮아질 수밖에 없다. 잘못된 일이나 어려운 일을 더 적극적으로 말할 수 있도록 시간을 들여 대화하고 분위기를 만들어야 한다.

당구 입문자에게는 동경하는 문구가 있다. 당구장마다 붙어 있는 '300점 이하 내려찍기 금지'라는 문구다. 실력 없는 참가자가 내려찍기를 시도하다가 당구대에 흠집을 내는 일이 발생하기 때문이다. 내려찍기 기술을 사용하고 싶으면 실력을 키우라는 뜻이기도 하다. 힘들고 괴롭지만, 열심히 시도하고 노력하고 실력을 키우라는 이야기다. 일정 수준의 실력이 되면 그때는 자기가 쓰는 기술 그대로 공도 움직이고, 사람도 움직일 것이다.

# 25.
# 너무 편애하시는 거
# 아니에요?

바야흐로 마케팅의 시대다. 세스 고딘 Seth Godin 이 '보랏빛 소
가 온다'라며 마케팅의 시대를 열어젖혔고 '개인 브랜딩'이라는 새
로운 바람이 불며 새 시대가 열렸다. 그래서 요즘 직장인들은 '묵
묵히 일하지 말라'를 금언처럼 여기고 있다. '자신이 하는 일을 티
내고, 알려야 한다'라며 자기 홍보에 열심이다. 일리가 있는 말이
다. '헌신하면 헌신짝 된다' '소처럼 일하면 소처럼 남김없이 다 주
고 사라진다'라는 말이 괜히 있는 말이 아니다.

그래서일까? 요즘 팀원들은 자신도 중요한 일을 맡아보고 싶
다면서 당당하게 면담 요청을 해온다. 하지만 그 전에 실력을 키우
는 게 먼저 아닐까 싶다. 실력이 있으면 당연히 중요한 일을 맡기
기 마련이다. 팀장 역시 일이 빨리빨리 진행되면 도움이 되니, 믿

고 맡길 만한 사람에게 중요한 일을 맡기는 법이다. 사장과 임원이 예의 주시하며 그 일의 진척 사항을 물어올 테니, 중요한 일은 당연히 성과를 내는 팀원에게 주게 되어 있다. 급하게 돌아가는 조직에서는 '성과'가 '성장'을 앞선다.

그렇다고 "저도 중요한 일 하고 싶어요"라고 말하는 팀원에게 "실력이 있으면 중요한 일을 주겠지요"라고 말할 수는 없다. 뭐라고 코칭해야 할까? 적절한 코칭 대화 내용을 살펴보자.

—————————— 66 ——————————

**나 과장**　팀장님, 드릴 말씀이 있습니다. 저도 그 업무를 잘할 수 있는데, 팀장님께서 김 과장님한테만 주시는 거 같아서요. 너무 김 과장님만 편애하시는 거 아닌가요?

**최 팀장**　지금 말하는 거 보니까 많이 속상했다는 얘기군요.

**나 과장**　네, 맞아요. 김 과장님의 업무가 눈에 띄는 일이고, 굉장히 스포트라이트를 받는 일인데 저도 기회가 주시면 잘할 수 있을 것 같습니다. 계속 오퍼레이팅 업무만 해서 아쉽고요.

**최 팀장**　이런 상황이 속상하고 말하기도 쉽지 않으니, 그동안 많이 참았겠어요. '여기서 열심히 하면 언젠간 저런 업무를 할 수 있겠지' 하는 마음도 가졌을 것 같고요. 혹시나 해서 기다렸는데 계속 비슷한 상황이라 실망스럽고 그냥 가만히 있으면 안 되겠다 싶어서 이렇게 얘기하는 거죠?

# 274

| 나 과장 | 네, 팀장님. 맞습니다. |
|---|---|
| 최 팀장 | 지금까지 꾹 참다가 이런 얘기를 직접 와서 하는 걸 보면 무엇보다 일을 잘하고 싶고, 일을 통해서 성장하고 싶은 마음이 제일 컸을 것 같네요. 나 과장님이 커리어를 잘 관리하고 싶어 하는 모습을 보니, 저로서는 정말 든든하기도 하고요. 한편으로는 '편애한다'는 말이 나 과장님만의 생각은 아닌 것 같다는 생각이 드네요. 공개적으로 말이 나오게 되어 저 역시 그 부분을 다시금 살펴보게 되고요. |
| 나 과장 | 네, 솔직하게 말씀드리자면 그 부분은 저만 그렇게 느낀 게 아니라, 다른 두 동료도 팀장님이 김 과장님을 편애해서 그러시는 게 아닌가 하는 말이 나왔습니다. |
| 최 팀장 | 일이라는 게 빛나는 일이 있고, 그에 비해 조용히 진행되는 일들이 있는데, 눈에 좀 덜 띄는 일을 해야 하는 사람으로서는 힘들고 조급했겠다 싶어요. |
| 나 과장 | 네, 이런 일이 반복되니까 저는 들러리일 뿐인가 하는 생각도 들었고요. 이에 따른 연말 평가도 몹시 신경 쓰입니다. |
| 최 팀장 | 그래요, 평가도 중요한 일이고 그냥 넘겨서는 안 될 일이고요. 그런 속상하고 답답한 마음 때문에 온 건 잘 알겠어요. 사실 나도 '편애한다'는 말을 들었을 때 '많이 서운했구나' 하는 생각이 드는 동시에 약간 불편하기도 했어요. 정말 내가 편애해서 일을 나눠줬다는 걸로 여겼다니 마음이 |

편치는 않았거든요. 하지만 본인이 하고 싶은 일에 대해 말하다 보니까 그런 말이 나온 것 같아요.

**나 과장**  네, 팀장님도 그런 기분이었을 것 같아요.

**최 팀장**  회사 일이 그런 법이지만 좀 더 빛나고 좋은 일이 있고, 빛나지만은 않지만 더 중요한 일도 있고 그렇지요. 나 과장님이 일에 욕심을 갖고 커리어를 관리하는 부분은 먼저 인정해주고 싶고, 옳다고 생각해요. 저 역시 지원해주고 싶은 마음인데, 먼저 하나 물어봐도 괜찮을까요?

**나 과장**  네, 물어보세요.

**최 팀장**  나 과장님이 김 과장님이 하는 일을 염두에 두고 있었다면, 먼저 나 과장님이 어떤 역량을 갖추거나 어떤 준비를 해야 하는지를 미리 고민해봤을 거라고 생각해요. 좀 들어볼 수 있을까요?

**나 과장**  지금 김 과장님이 맡은 일이 A, B 같은 지식과 C, D 스킬이 필요한데 제가 완벽한 정도는 아니지만 어느 정도 할 수 있을 정도의 수준이라고 생각합니다.

**최 팀장**  그래요. 할 수 있을 텐데 일을 안 주니까 그렇게 생각할 수도 있어요. 얘기가 나온 김에 내 생각도 말해볼게요. 내 기준으로는 A부터 D까지의 기술이나 역량을 보았을 때 김 과장님에게 일을 맡기는 게 팀에 기여도가 클 거라고 판단했어요. 그리고 나 과장님이 네 가지 중에 적어도 두세 개가 나아진다면 저도 다른 판단을 할 수 있을 것 같아요.

## 276

| 나 과장 | 예, 사실 그 부분은 김 과장님이 잘하긴 한다고 생각합니다. |
|---|---|
| 최 팀장 | 그래서 나 과장님이 욕심을 가지고 역량 개발에 시간을 투자한다면, 크게 성장할 수 있을 거라는 믿음도 있어요. 얘기가 나온 김에 그 부분을 어떻게 준비할지, 어떤 노력을 할지 대략적으로나마 오늘 좀 얘기하고, 구체적으로 계획을 세워보는 건 어때요? |
| 나 과장 | 객관적으로 제가 A 역량은 한 80 정도라면, 김 과장님이 90인 것 같아서 그 갭을 줄이면 좋을 것 같고요. B도 제가 80이라면 이건 김 과장님이 탁월하게 잘해서 95 정도 나오니까 노력이 더 필요하고, 나머지도 제가 미리 준비하면 좋을 것 같습니다. |
| 최 팀장 | 맞아요. 우리는 계속해서 성장할 수 있는 사람들이니까 그렇게 분석해서 시작하면 뭐든 할 수 있어요. 그렇다면 지금 하는 업무에서 역량 강화를 위해 더 할 수 있는 일은 없을까요? |
| 나 과장 | 지금 일은 제가 오래 관리해와서 크게 바뀔 지점은 없고, 제가 원하는 다른 업무 관련 지식은 조금 더 고도화시키고, 배우는 게 중요할 것 같습니다. |
| 최 팀장 | 그래요. 마침 궁금한 게 생겼는데 하나 물어봐도 될까요? 지금이 나 과장님에게 굉장히 중요한 시기라고 생각되는데, 앞으로 키워야 할 역량에 대해 어떻게 접근하고 개발할 수 있을지, 또 담당자가 될 정도의 능력을 갖추기 위해 |

시간이 얼마나 필요할 것 같아요?

**나 과장**   일단 업무에 대한 지식, 기술뿐만 아니라 경험도 필요해서
요. 3개월쯤 돼서 중간 점검을 하더라도, 6개월은 필요합
니다. 근데 그사이에 완벽하게는 아니더라도, 제가 개입할
부분이 있겠다 싶으면 그때 업무 경험도 해보고요.

**최 팀장**   나 과장님이 그런 아이디어를 얘기해주니까 저도 도와야
겠다는 생각이 드네요. 일부라도 하다 보면 배우는 포인
트도 확실히 있을 거 같고 저도 그런 기회를 마련해보도
록 할게요. 앞으로 6개월 동안 나 과장님이 전보다 역량 강
화를 하고 팀이나 회사에도 그게 보인다면 일을 믿고 맡길
수 있을 것 같아요. 이참에 어떻게 성장하고, 노력할 것인
지 구체적인 계획도 다시 한번 얘기할 기회가 있었으면 좋
겠네요.

**나 과장**   네, 팀장님. 알겠습니다. 한번 생각해보고 말씀드릴게요.
혹시 다음 주 금요일 오전에 시간 되실까요?

**최 팀장**   네, 없어도 만들어야죠.

**나 과장**   감사합니다, 팀장님.

---

**"**

---

앞서 나눈 대화를 통해 '좋은 코칭'이 무엇인지 몇 가지 핵심
을 되짚어볼 필요가 있다.

# 278

### 1. 감정적으로 대응하고 변명하지 않기

"저도 그 업무를 잘할 수 있는데, 팀장님께서 김 과장님한테만 주시는 거 같아서요. 너무 김 과장님만 편애하시는 거 아닌가요?"

팀원이 만약 누군가를 편애하는 것 아니냐며 팀장을 힐난하듯이 말한다면, 아무래도 감정적으로 흔들릴 수 있다. 여기에 대해 "나는 그런 적 없습니다"라고 자연스럽게 방어할 수도 있다. 하지만 이건 대화가 아니라 비겁한 변명이 된다.

코칭은 '무의식적으로 나오는 말에 대한 저항'이다. 은밀하게 전술을 펼치는 게릴라가 되어야 한다. 시기에 따라, 상황에 따라, 사람에 따라 그 상황에 알맞은 대응이 튀어나와야 한다. 그렇다면 시기나 상황, 사람을 어떻게 구분해야 할까? 잘 모르겠다면 먼저 '감정'을 들어줘야 한다.

"그 말은 곧 업무를 맡지 못해 많이 속상했다는 얘기군요."

이 부분은 그 어느 세계 유수의 경영대학원에서도 안 가르쳐 주는 내용이다. 감정은 사람들의 신념, 경험, 사상, 철학, 가치를 훑고 나온다. 그래서 감정을 읽어준다는 것은 그들의 신념을 인정하고, 경험을 인정하고, 사상을 인정하고, 철학을 인정하고, 가치를 인정해준다는 말과 다름없다. 그러니 묻지도 따지지도 말고, 무조건 '감정 읽어주기'를 실행해야 한다.

감정을 제대로 읽어준다면 팀원은 곧 "네, 맞아요!" 하고 긍정적으로 반응하고 이야기를 이어 나가기 마련이다.

## 2. 계속 들어주기

"이런 상황이 속상하고 말하기도 쉽지 않으니, 그동안 많이 참았겠어요. '여기서 열심히 하면 언젠간 저런 업무를 할 수 있겠지' 하는 마음도 가졌을 것 같고요. 혹시나 해서 기다렸는데 계속 비슷한 상황이라 실망스럽고 그냥 가만히 있으면 안 되겠다 싶어서 이렇게 얘기하는 거죠?"

"지금까지 꾹 참다가 이런 얘기를 직접 와서 하는 걸 보면 무엇보다 일을 잘하고 싶고, 일을 통해서 성장하고 싶은 마음이 제일 컸을 것 같네요. 나 과장님이 커리어를 잘 관리하고 싶어 하는 모습을 보니, 저로서는 정말 든든하기도 하고요."

팀원의 말을 차근차근 들어주는 것도 쉬운 일만은 아니다. 불쑥불쑥 말이 튀어나올 수도 있겠으나, 팀원에게 할 말을 하기 전에 말을 들어주고, 팀원의 말을 내 입으로 다시 반복해본다면, 먼저 상황 정리가 된다. 본격적인 코칭은 그다음이다.

## 3. 숨어있는 선의 찾아주기

사람들의 모든 행동에는 '숨어있는 선의'가 있다. 앞서 나눈 대화에서의 선의는 다음과 같다.

"한편으로는 '편애한다'는 말이 나 과장님만의 생각은 아닌 것 같다는 생각이 드네요. 공개적으로 말이 나오게 되어 저 역시 그 부분을 다시금 살펴보게 되고요."

팀원이 인지하지 못하고 있었던 '지금 하는 말이 혼자만의 의견은 아니다'라는 부분을 팀장이 먼저 짚어주었다.

"네, 솔직하게 말씀드리자면 그 부분은 저만 그렇게 느낀 게 아니라, 다른 두 동료도 팀장님이 김 과장님을 편애해서 그러시는 게 아닌가 하는 말이 나왔었습니다."

이런 기술이야말로 진짜 '고수의 대화'이다. 팀장이 먼저 알아 주고 되짚어준다면, 팀원의 신뢰를 얻는 것은 물론 좀 더 원활한 대화 코칭이 이루어질 수 있다.


### 4. 욕구 들어주기

"이런 일이 반복되니까 저는 들러리일 뿐인가 하는 생각도 들었고요. 이에 따른 연말 평가도 몹시 신경 쓰입니다."

"그래요, 평가도 중요한 일이고 그냥 넘겨서는 안 될 일이고요. 그런 속상하고 답답한 마음 때문에 온 건 잘 알겠어요."

중요한 일이든, 덜 중요한 일이든 회사 일은 늘 '평가'와 연계 되어 있다. 팀원들뿐만이 아니라 회사에 소속되어 있다면 누구나 평가가 신경 쓰이기 마련이다. 이는 연말 성과급과도 연결되는 문 제이며, 개인이 받는 물질적인 보상에 대한 문제이기도 하다. 그러 니 일의 경중을 이야기하는 자리에서는 팀장이 먼저 '평가'에 대해 언급하는 것이 좋다. 회사의 모든 일이 결국 '평가'라는 주요 결과 로 나오고, 그 결과가 팀원의 욕구를 충족시킬 수 있다는 부분 또 한 매우 중요하다.

### 5. 적절한 질문

"나 과장님이 김 과장님이 하는 일을 염두에 두고 있었다면, 먼저 나 과장님이 어떤 역량을 갖추거나 어떤 준비를 해야 하는지를 미리 고민해봤을 거라고 생각해요. 좀 들어볼 수 있을까요?"

욕구, 선의, 경청 등으로 충분히 알아줬다면, 그다음은 적절한 질문을 할 차례다. 어차피 대화의 목적은 팀원의 성장을 통해, 중요한 일을 맡기고, 성과를 내게 하는 것이니 말이다.


### 6. ERRC 질문 사용하기

"맞아요. 우리는 성장할 수 있는 사람들이니까 그렇게 분석해서 시작하면 뭐든 할 수 있어요. 그렇다면 지금 하는 업무에서 역량 강화를 위해 더 할 수 있는 일은 없을까요?"

앞선 대화에서 '역량 강화를 위한 일'에 대해 팀원에게 질문을 던졌었다. 그리고 이 시점에서 좀 더 전략적인 방법을 택할 필요가 있다. 바로 ERRC 질문이다.


"성장하기 위해서 지금 하고 있는 일 중에서 제거해야 할 일은?"

"성장하기 위해 줄여야 할 것은?"

"성장하기 위해 더 해야 할 것은?"

"성장하기 위해 새롭게 해야 할 것은?"


# 282

이 질문만으로도 팀원은 목적과 방향을 더 세분화하고, 구체적으로 설정할 수 있게 된다. 당장은 아니더라도, 생각할 거리를 던진다는 점에서 발전의 가능성도 챙길 수 있다.

### 7. 끝날 때까지 끝난 것이 아니다

"네, 팀장님. 알겠습니다. 한번 생각해보고 말씀드릴게요. 혹시 다음 주 금요일 오전에 시간 되실까요?"

팀원이 팀장에게 시간을 내줄 수 있는지 묻는다면 어떻게 대답해야 할까?

"좋다" "그래요" "스케줄을 먼저 확인해볼게요" 전부 다 효과적이지 않다. 대화의 마무리 단계라고 해서 방심하면 안 된다. 팀원을 감동시킬 수 있는 결정적인 순간이기 때문이다.

"네, 없어도 만들어야죠."

이 한마디는 팀원의 뇌리에 남을 수 있을 정도다. 코칭은 기술이 아니라, 예술이라고 말할 수 있는 지점이다.

# 26.
# 직무 변경하고 싶다는
# 팀원과의 대화

팀장들이 팀원을 코칭할 때 나오는 여러 가지 주제 중에서 '직무 변경'에 관한 것들이 제법 많다. 직무 변경이 팀원들에게 자주 언급되는 이유는 다양하다.

1. 지금 직무가 비전이 없다.
2. 연봉과 처우의 개선을 바란다.
3. 적성에 맞지 않는다.
4. 팀장이나 팀원들과 잘 맞지 않는다.
5. 업무가 어렵다.

그 이유가 무엇이든 팀원이 '직무를 변경하고 싶다'고 이야기를 꺼내게 되면 이는 곧 리더십을 향상시킬 수 있는 결정적인 순간이라고 여겨보자. 그리고 진지하고 착실하게, 진솔하고 진중하게, 솔직하고 심각하게 코칭에 임해야 한다.

다음 역할극 대화는 현재 업무가 아닌 '다른 일을 해보고 싶은' 경우에 해당하는 사례에 대한 내용이다.

**박 팀장** 정 선임님, 오랜만이에요. 그동안 이런저런 얘기 나눴는데 오늘 혹시 하고 싶은 이야기나 주제가 있나요?

**정 선임** 네, 팀장님. 이거 얘기해도 될지 모르겠는데요. 제가 디자인 업무를 오래 하기도 해서, 좀 고민인 부분이 있습니다.

**박 팀장** 네, 그렇지요.

**정 선임** 제가 벌써 이 일을 10년째 하고 있는데 정말 많은 일이 있었네요. 요즘은 고객 클레임에도 많이 시달렸고요. 그래서 요즘 드는 생각이… 제 커리어를 생각했을 때 좀 다른 일을 해보고 싶어요.

**박 팀장** 정 선임님이 조심스럽게 말을 꺼내는 걸 보니, 말하기까지 쉽지 않았을 것 같네요.

**정 선임** 네, 제가 다른 일을 하게 되었을 때 그럼 제 일은 누가 하나 걱정되기도 해서 시간이 좀 지났는데요, 이제는 다른 일도 해보고 싶고 그렇습니다.

**박 팀장**  그렇죠. 오래 다닌 만큼 회사 상황도 잘 알고 있고, 또 워낙 책임감이 강한 정 선임님이니까 쉽게 다른 업무를 하겠다고 말하기는 어려웠을 거 같아요. 지금 이런저런 고민을 많이 해본 끝에 이렇게 말을 꺼내게 된 거 같고요.

**정 선임**  네, 더 늦어지면 안 되겠다는 생각이 들어서요.

**박 팀장**  솔직히 말하자면, 이전까지는 정 선임님이 먼저 얘기를 꺼내는 걸 예상하지 못했기 때문에 조금 당황스럽기도 했어요. 정 선임님이 자기 일 잘하고 있으니까 믿고 있는 동시에 문득 '혹시 다른 일에 대해서도 욕심이 있나?' 하고 마음속으로만 떠올려본 것 같아요. 다들 자신의 커리어를 관리해야 하고, 고민되는 부분이 있을 테니까요.

**정 선임**  맞아요. 지금 하는 일이 싫다는 게 아니라, 오래 해서 웬만큼 아니까 이제는 다른 일을 더 배우고 싶습니다. 그러면 새롭게 배운 걸 접목해서 디자인을 더 잘 구현해낼 수 있겠다는 생각도 들고요. 지금 관심 분야는 게임 스토리 쪽인데요, 서사를 구축하는 업무를 해보고 싶어요.

**박 팀장**  일단 지금 일과는 다른 일을 배우고 싶다, 그런데 그 일이 게임 콘텐츠의 베이스가 되는 스토리를 만드는 일을 경험해보고 싶다는 거죠?

**정 선임**  네, 제가 하는 디자인이 게임 속 의상이나 각종 아이템이다 보니, 저랑 자주 소통하는 쪽이었기도 하고요. 애초에 그런 아이템이 왜 필요한지, 만들어진 의도를 디자인도 더 잘될 거라는 생각입니다. 지금은 요청받는 대로만 일하는 느낌이어서요.

**박 팀장**  그러네요. 정 선임님이 워낙 일에 대해 주도적인 태도를 갖고 있으니까 이 일을 어떻게 하면 좀 더 잘할 수 있고, 더 효과적으로 할 수 있을지에 대해서 고민했을 테고요. 그러다 보니 다른 커리어를 쌓으면 나에게 도움이 되겠다 판단하게 되었군요.

**정 선임**  네, 맞습니다. 팀장님.

**박 팀장**  저는 그 말을 들으니까 오히려 안심이 되네요. 지금 하고 있는 일을 열심히 하는 것도 좋지만, 내 미래를 내다보고 다른 계획을 세우는 거니까요. 당장 눈앞에 있는 일만 하는 것과는 또 다른 거 같아서 지지해주고 싶고요. 혹시 티오$^{TO}$나 관련해서 알아본 것도 있나요?

**정 선임**  그쪽 팀 동기에게 물어보니까 당분간 충원 계획은 없지만, 중간중간 나기도 한다고 들었습니다. 그래서 당장 갈 수 있는 건 아니지만, 미리 준비해두면 티오가 났을 때 바로 지원할 수 있을 것 같습니다.

**박 팀장**  아아, 미리 준비한다고 얘기했는데 그럼 어떤 부분들을 준비하고 있을까요?

**정 선임**  아무래도 스토리텔링 작법 이론을 먼저 배워두면 좋을 것 같고요, 그래서 평소에 책도 꾸준히 읽고 있습니다. 해당 팀 사람들이랑도 이야기를 많이 나누면서 정확히 어떤 업무를 하고 있는지, 어떤 능력이 필요한지 조언도 얻으려고요.

**박 팀장** 무척 중요한 얘기네요. 그 팀에 가려면 특정한 역량을 갖춰야 하고, 그러기 위해서 정보도 얻고 있고, 필요한 걸 챙기면서 미리 공부하고 준비하고 있다는 거네요.

**정 선임** 맞습니다. 먼저 순서는 해당 팀 팀원들을 만나서 어떤 실력을 키워야 하는지, 또 어떤 공부를 해야 하는지 구체적으로 알아본 다음에 무엇이든 더 해보려고요.

**박 팀장** 혹시 제가 도와줘야 할 일이 있을까요?

**정 선임** 당장은 따로 없습니다. 우선 제가 알아서 준비하겠습니다.

**박 팀장** 그래요, 차근차근 공부하면 되겠어요. 사실 저로서는 정 선임님처럼 일 잘하는 팀원과 계속 같이 가고 싶지만, 제 욕심만 챙길 게 아니라는 생각이 드네요. 본인이 원하는 길로 커리어를 쌓아갈 수 있도록 도와주고 싶은 마음이 커요. 이런 얘기를 나한테 미리 와서 해준 것도 고맙고요.

**정 선임** 아, 생각나는 게 하나 있습니다. 제가 스토리 쪽 업무를 위해서 듣고 싶은 교육이 있는데요, 회사의 교육비 지원 제도를 이용하고 싶습니다. 저희 팀 업무와 직접적인 연관은 없지만 팀장님께서 컨펌해주시면 굉장히 힘이 날 것 같습니다.

**박 팀장** 그래요. 그런 기회가 있으면 적극적으로 고려해보도록 할게요. 본인이 하고 싶은 일을 찾아가는 모습을 떠올리니 보기 좋고, 지원해주고 싶어요. 그리고 저도 제 입장에서 한 가지 얘기하고 싶은 부분이 있는데 해도 될까요?

**정 선임**   네, 팀장님. 말씀해주세요.

**박 팀장**   정 선임님이 새로운 팀으로 가기 위한 준비를 하는 것처럼, 지금 팀에서도 떠나기 전에 준비해야 할 것들이 있을 거 같아요. 후임 문제도 있고요. 혹시 생각한 게 있어요?

**정 선임**   지금 제 일을 가장 잘할 수 있는 팀원이 박 선임님이라고 생각합니다. 그래서 제가 팀을 옮길 경우를 대비해서 박 선임님을 준비시키면 좋을 것 같고요. 업무 분석도 하고 많이 가르쳐주면 될 것 같습니다.

**박 팀장**   박 선임님이 정 선임님이 하는 일을 잘 알긴 하죠? 업무를 넘기는데 혹시 다른 어려움은 없을까요?

**정 선임**   당장 박 선임님 혼자 해내기엔 어려울 테니, 제가 도와주면서 그만큼 시간을 투자해야 할 것 같습니다. 팀장님께서도 나중에 업무분장하실 때 고려해주시면 좋겠습니다.

**박 팀장**   좋은 생각이네요. 저로서는 일단 박 선임님하고도 얘기해볼 필요가 있겠고요. 박 선임님도 디자인 일을 더 알아야할 필요성도 있고요. 업무분장에 앞서서 박 선임님 의견을 듣는 것도 좋겠어요.

**정 선임**   네, 박 선임님도 배우는 거 좋아하고 잘하니까 잘될 것 같습니다.

**박 팀장**   아까도 얘기했지만 오늘 이렇게 먼저 얘기해줘서 고맙고,

앞으로 응원하고 지지할게요. 또 도움받고 싶은 일이 있으면 얘기해주고요.

**정 선임**    네, 팀장님. 들어주셔서 감사합니다.

———————————— 99 ————————————

앞서 진행된 코칭 대화에서는 '직무 변경을 하고 싶은 팀원'의 속 이야기를 듣는 것은 물론, 앞으로의 계획에 대한 부분까지 의견을 나눌 수 있었다. 주요 부분을 살펴보도록 하자.

### 1. 팀원의 감정 읽어주기

"제가 벌써 이 일을 10년째 하고 있는데 정말 많은 일이 있었네요. 요즘은 고객 클레임에도 많이 시달렸고요. 그래서 요즘 드는 생각이… 제 커리어를 생각했을 때 좀 다른 일을 해보고 싶어요."

팀원이 이렇게 말하면 팀장들은 흔히 "갑자기?"라고 자기도 모르게 대답할 수도 있다. 하지만 이런 반응은 위험한 대화의 시작이 될 뿐이다. 팀장의 이러한 반응에 팀원은 '갑자기가 아니라 벌써 몇 달째 고민한 주제이고 힘들게 말했는데, 팀장님은 나에게 관심이 없구나'라는 생각을 갖게 만들 수도 있다. 단 세 글자만으로도 이런 무시무시한 결과를 초래한다. 그러니 아예 첫 단추부터 고민 없이, 지체 없이 '감정 읽어주기' 방법을 써야 한다. 이렇게 말이다.

PART 4. 슬기로운 대화, 여유로운 팀장

"조심스럽게 말을 꺼내는 걸 보니, 말하기까지 쉽지 않았을 것 같네요."

## 2. 팀원 인정해주기

"네, 제가 다른 일을 하게 되었을 때 그럼 제 일은 누가 하나 걱정되기도 해서 시간이 좀 지났는데요. 이제는 다른 일도 해보고 싶고 그렇습니다."

팀원이 위와 같이 말했을 때, 자기중심적인 팀장이라면 "그걸 알면서도 그러나요? 이제 좀 같이 일할 만하다 했었는데요…"라는 식으로 대화를 진행하게 된다. 해서는 안 되는 말이다. 이런 경우에는 우선 '인정해주기'가 필요하다. 상대방의 성품을 인정하는 것이다.

"그렇죠. 오래 다닌 만큼 회사 상황도 잘 알고 있고, 또 워낙 책임감이 강한 정 선임님이니까 쉽게 다른 업무를 하겠다고 말하기는 어려웠을 거 같아요. 지금 이런저런 고민을 많이 해본 끝에 이렇게 말을 꺼내게 된 거 같고요."

일단 '그렇죠'라는 대꾸로 알아준다는 표현을 먼저 하고 '책임감'이라는 단어로 인정을 해주는 것이 필요하다. 그러면 팀원이 '팀장님이 나를 존중해주는구나'라는 생각을 갖게 될 것이다. 그 다음엔 '어려웠을 것 같고, 고민을 많이 했을 거다'라는 말로 알아주면 된다.

### 3. 말 따라 하기

"맞아요. 지금 하는 일이 싫다는 게 아니라, 오래 해서 웬만큼 아니까 이제는 다른 일을 더 배우고 싶습니다. 그러면 새롭게 배운 걸 접목해서 디자인을 더 잘 구현해낼 수 있겠다는 생각도 들고요. 지금 관심 분야는 게임 스토리 쪽인데요, 서사를 구축하는 업무를 해보고 싶어요."

팀원이 위와 같은 이야기를 꺼낸다면, 이는 감정, 성품, 욕구 중에 무엇일까? 고민되겠지만 여기서는 '스토리'라는 처음 나온 단어에 주목해야 한다. 그러니, 더 잘 진단하기 위해서는 팀원의 '말 따라 하기' 기술이 필요하다. 팀장 역시 잘 모르는 분야나 소재에 관한 것이라면 팀원의 말을 팀장의 입으로 언급하는 방법 또한 유용하다.

"일단 지금 일과는 다른 일을 배우고 싶다, 그런데 그 일이 게임 콘텐츠의 베이스가 되는 스토리를 만드는 일을 경험해보고 싶다는 거죠?"

팀원이 말이 정리되는 동시에, 팀원의 말이 포인트가 무엇인지 파악하고 팀장이 해줄 수 있는 다음 대화로 잘 나아갈 수 있을 것이다.

### 4. 질문하기(충분한 들어주기, 인정하기 이후)

"저는 그 말을 들으니까 오히려 안심이 되네요. 지금 하고 있는 일을 열심히 하는 것도 좋지만, 내 미래를 내다보고 다른 계획을 세우는 거니까요. 당장 눈앞에 있는 일만 하는 것과는 또 다른 거 같아서 지지해주고 싶고요. 혹시 티오나 관련해서 알아본 것도 있나요?"

팀장의 이 말에서는 다양한 스킬들이 적용되었다. 바로 '리더의 감정 상태 말하기' '리더가 바라는 점 말하기' '질문하기'다. 이런 자연스러운 작업들이 있으면 코칭 대화에 큰 도움이 된다. 특히 감정 말하기와 바라는 점 말하기를 추천한다. 팀원이 듣기에 팀장이 솔직하고 진술하게 말하고 있다는 걸 느낄 것이다. 질문하는 것보다 100배는 효과가 더 좋다.

### 5. 확장 질문하기

"그쪽 팀 동기에게 물어보니까 당분간 충원 계획은 없지만, 중간중간 나기도 한다고 들었습니다. 그래서 당장 갈 수 있는 건 아니지만, 미리 준비해두면 티오가 났을 때 바로 지원할 수 있을 것 같습니다"

"아아, 미리 준비한다고 얘기했는데 그럼 어떤 부분들을 준비하고 있을까요?"

팀원의 말 중에 가장 핵심이 되는 단어는 '준비'다. 팀장이 그걸 캐치하여 아래의 질문들처럼 확장해야 올바른 코칭이 된다.

'어떤 준비인가?'

'준비의 의미가 무엇인가?'

'구체적으로 무엇이 준비되어야 하는가?'

'현재 어떤 상태인가?'

'무엇을 더 준비해야 하는가?'

'어느 정도 수준까지 준비되어야 하는가?'


## 6. 도움 확인하기

"혹시 제가 도와줘야 할 일이 있을까요?"

이번 포인트는 매우 간단하지만 필수적인 질문이다. 팀원마다 다르겠지만, 팀장의 도움이 필요한 부분을 선뜻 말하지 못하는 사람이 있다. 먼저 물어봐 준다면 팀원이 용기를 낼 수 있을 것이다.


## 7. 허락받기

"그래요. 그런 기회가 있으면 적극적으로 고려해보도록 할게요. 본인이 하고 싶은 일을 찾아가는 모습을 떠올리니 보기 좋고, 지원해주고 싶어요. 그리고 저도 제 입장에서 한 가지 얘기하고 싶은 부분이 있는데 해도 될까요?"

팀원을 도와주고 질문을 확장시키는 것들은 다 팀원의 욕구에 대한 부분이다. 그러면 팀장 또한 바라는 것이 있을 텐데, 이를 그냥 말해버리기에 앞서 '허락'을 받으면 좋다. 이는 팀원에 대한 배려와 예의라고 생각해도 좋다.

경영 분야의 전문가 피터 드러커Peter Drucker는 이렇게 말했다.

"해답은 시시각각 달라지지만, 시기적절한 질문 그 자체는 변하지 않는다"


## 294

그렇다. '시기적절한'이 중요하다. 좋은 질문과 생각을 전환시키는 질문, 확장된 질문과 열린 질문도 좋다. 하지만 가장 중요한 점은 그러한 질문들이 '시기적절할 때' 나와야 한다는 점이다. 이는 많은 일에 해당된다.

일본 화학소재 기업 도레이는 한때 최악의 경영난을 겪었는데, 완벽히 부활하는 데 성공했다. 그 이유는 '탄소섬유 사업'의 성공 때문이었다. 1960년대에 처음 탄소섬유 사업을 시작해서 오랜 시간 공을 들였는데도 빛을 보지 못하고 포기하려던 찰나, 2000년대에 들어서야 항공기에 탄소섬유가 납품되면서 폭발적인 성장을 이끌게 되었다고 한다. 원래 하던 일이 마침내 '시기적절한' 때를 맞이하게 된 것이다.

좋은 것도, 맞는 것도, 바른 것도 '시기적절'해야 한다. 그래서 코칭은 그 순간을 위한 경청, 인정이 더 중요하다. 코칭은 어려운 것이고, 훈련만이 답이다.

# 27.
# 팀장님, 일이 너무 많아요

팀을 하나로 만드는 중요한 요소는 무엇일까?

〈뉴욕타임스〉 베스트셀러 작가인 대니얼 코일Daniel Coyle은 픽사Pixar, 샌안토니오 스퍼스San Antonio Spurs, 네이비씰U.S. Navy's SEAL Team Six 같은 조직을 조사하고 난 후《컬처 코드The Culture Code》라는 책을 펴냈다. 그 책에서 코일은 '매우 효과적인 조직의 공통적인 특징'으로 안전한 환경의 구축build safety, 문제와 약점의 공유share vulnerability, 목적의 확립establish purpose 세 가지를 꼽았다. 여기서 두 번째에 해당되는 '문제와 약점의 공유' 활동으로는 어려운 상황에서 어렵다고 말하기, 모르는 상황에서 모른다고 말하기, 불만을 포용하기, 참여하도록 초대하기, 상호 지원을 촉진하기, 적극적 경청하기 등을 언급했다.

따라서 팀원이 "팀장님, 저 일이 너무 많아요" 하는 순간은 팀을 하나로 만드는, 매우 효과적인 팀을 만드는 결정적인 순간이라고 할 수 있다.

그런 순간에 "많기는 뭐가 많아?" "김 대리는 더 많아요"라고 하거나 심지어 "나는 더 많아" "내가 네 직급일 때는 맨날 야근했어" "세상 좋아진 줄 알아"라고 하는 팀장이 있을지도 모르겠다. 물론 이렇게 하면 잠시 속은 시원할지도 모른다. 각자 하는 일이 다르겠지만, 팀장이 해야 할 일이 더 광범위하고 회사에 영향을 미치는 중요한 일이지 않겠나? 그러니 팀장이 고민도 더 많을 것인데, 그런 건 생각하지 않고, 일이 많다고 하니….

심리학에 확증편향이라는 개념이 있다. '원래 가지고 있는 생각이나 신념을 확인하려는 경향성'으로 정의되는데, 쉽게 말하면 '사람은 보고 싶은 것만 본다'는 뜻이다. 그러니 자신이 일이 많다고 느끼는 팀원은 그다음부터 야근할 때마다 그 믿음을 확신하게 되고, 어느 날 일찍 출근하면서는 '역시 내 말이 맞잖아' 하게 될 것이다. 어쩌다 주말 출근이라도 하게 되는 날에는 부글부글 끓어오를 것이다. '왜 나만 일이 많지?' 하는 자기 선택적 편향에 결부되면서 드디어 팀장을 찾아오게 되는 것이다. 이는 지극히 일반적인 모습이다.

그러니 팀장들이 '그게 뭐가 많아'라는 식의 관점을 갖고 있다면 코칭에 전혀 도움이 되지 않는다. 그러면 어떻게 이야기해야 할까? 이번 대화를 살펴보자.

**윤 책임**  팀장님, 저 일이 너무 많아요. 다른 팀원들에 비해 일이 많은 거 같아요. 일 좀 줄여주세요.

**남 팀장**  지금 많이 힘든가 보네요….

**윤 책임**  저는 일주일 내내 야근하고 있는데, 김 선임님은 워라밸한다면서 일찍 퇴근해서 드럼 학원 다니고 있고… 불공평한 거 같아요.

**남 팀장**  일이 많은 것도 많은 건데, 다른 사람들하고 비교해보면 더 속상한 느낌이 드는군요.

**윤 책임**  네, 김 선임님만 그러면 모르겠는데 이 책임님도 그렇고 박 책임님도 그렇고….

**남 팀장**  다 그런데 나만 일이 많다고 생각하면 몸이 힘든 건 별개로 마음이 더 힘들겠어요.

**윤 책임**  네, 그래서 팀장님이 업무 배분에 그다지 신경을 쓰시지 않는 건 아닌가 하는 생각이 들 때도 있습니다.

**남 팀장**  아… 그러니까 나에게 서운했겠어요. 뭔가 필요한 조치가 취해지지 않고, 내버려두고 있는 것처럼 보이니까 무관심한 거 아닌가, 그런 마음까지 들었을 것 같네요.

**윤 책임**  어차피 하는 일이 다 달라서, 다른 팀원이 바쁠 때 저는 한가한 순간도 있지만, 이상하게 최근 들어서 일이 몰리고 많은 거 같아서 어떻게든 해보려다 말씀드리는 겁니다.

| 남 팀장 | 지금 이런 이야기를 해준 것을 들어보면 못 하겠다, 화난 다 이런 느낌보다는 어쨌든 우리 팀원들이 골고루 공정하 게 일하면 서로 편하게 잘할 수 있겠다는 바람이 있는 것 같아요. |
|---|---|
| 윤 책임 | 맞아요, 팀장님. 비슷한 양의 업무를 하면 선의의 경쟁이 되어서 일이 더 잘될 것 같은데, 저는 해도 해도 안 끝나니 능력이 없는 건가 그런 생각도 들어서 더 늦어지는 것 같 고요…. |
| 남 팀장 | 제가 아는 윤 책임님은 그동안 팀의 어려운 일을 계속 도 맡아서 했고 남들이 어려워하면 도와주는 등 팀이 잘되는 걸 무척 중요하게 생각해온 사람이고 실제로 행동도 그랬 는데, 지금은 해도 해도 끝이 없고 예전처럼 일할 수 없는 부분에 지치는 것 같아요. 윤 책임님이 바라는 우리 팀은 어떤 모습이면 좋겠어요? |
| 윤 책임 | 정해진 것처럼 누구는 일찍 가고, 누구는 늦게 가고 하는 일이 반복되는 게 힘들어요. 물론 급한 일 있으면 가야 하 는데, 하루이틀도 아니고요. 누군가가 일주일 내내 야근하 고 있으면 좀 도와줄 것 없는지 묻고 하는 인간적인 면이 있으면 좋겠는데, 개인주의가 만연해있지 않나 싶어요. |
| 남 팀장 | 윤 책임님은 서로 돕고, 함께하고, 배려해주는 그런 팀을 바란다는 말이지요? |
| 윤 책임 | 네. |

| | |
|---|---|
| **남 팀장** | 저도 우리 팀이 그런 탄탄한 팀이 되면 좋겠습니다. 그리고 그런 팀으로 만들기 위해서 노력해왔는데, 윤 책임이 이렇게 이야기해주니까 같은 고민을 하고 있는 것 같기도 하고…. 그래서 본인은 힘들어서 오늘 이런 말을 했지만, 한편으로는 '윤 책임님이 나와 고민을 같이하고 있구나' 하는 생각이 들어요. 적어도 우리 팀에 두 명이나 고민하고 있으니 나아질 수 있겠어요. |
| **윤 책임** | 네… 저도 그렇게 생각합니다. |
| **남 팀장** | 이번은 팀을 위해서도, 또 윤 책임님을 위해서도 좋은 계기가 될 것 같습니다. 일을 잘하기 때문에 많이 하는 것은 어느 정도는 용납되는 거지만 그래도 다른 사람에게 넘겨줄 수 있고, 그로 인해 그들도 성장시키고, 그 결과 팀이 성장해서 더 큰 일을 해내게 될 수도 있어요. 그런 길을 갔으면 좋겠는데, 그러려면 윤 책임님 생각에 어떻게 하면 좋을까요? |
| **윤 책임** | 문제가 뭔지는 알겠는데… 회식을 하면 좋으려나요? 아무튼 인간적으로 뭔가 가까워질 수 있는 활동이 있으면 좋겠어요. 같이 전시회를 간다거나 서로의 장점을 편지로 전한다거나…. '함께 일할 때 이런 부분이 참 좋아요' 하는 식으로요. 인간적인 유대감을 쌓는 활동을 하면 좋을 것 같아요. |
| **남 팀장** | 그거 아주 좋은 생각이네요. 어떤 것이든 인간적인 유대감을 늘리는 활동을 하면 좋을 것 같다는 거죠? |

300

**윤 책임**  네…. 그런데 이런 아이디어는 다 함께 모여서 아이디어를 내서 정하면 좋을 것 같습니다.

**남 팀장**  그 방법이 좋겠네요. 팀원들을 활동에 참여시키려면 아이디어 단계부터 함께하는 게 좋을 테니까. 그런 차원에서 효과가 높은 결과를 내기 위해 참여를 더 북돋을 방법은 없을까요?

**윤 책임**  제가 창의적 아이디어를 도출하는 방법을 몇 가지 알고 있거든요. 진행은 제가 해보겠습니다.

**남 팀장**  그걸 위해서 제가 특별히 도와줘야 할 게 있다면 어떤 게 있을까요?

**윤 책임**  간식이라도 제공해주시면 분위기가 더 좋아질 것 같습니다.

**남 팀장**  그래요, 사비를 들여서라도 해주는 것으로 할게요. 윤 책임님의 지금과 같은 태도가 정말 든든하고, '리더로 잘 크고 있구나' 하는 생각이 들어요. 본인이 힘들어서 이 대화를 시작했지만, 전체 관점에서 보고 해결책을 내놓고 스스로 리드하는 모습이 정말 든든해요. 윤 책임님 같은 사람이 있어서 제가 이 팀을 이끌어가는 게 한결 편합니다. 이런 것도 복인 것 같아요.

**윤 책임**  과찬이십니다. 열심히 하겠습니다.

99

## 불편함은
## 관계를 개선할 기회

　이번 사례는 일이 많아서 힘들다고 찾아온 팀원과의 대화가 결과적으로 일을 줄여주는 것이 아니라, 구성원 간의 인간적인 유대감을 늘리는 활동을 기획하고 진행하겠다고 스스로 이야기하는 것으로 결론이 났다. 이것이 코칭의 힘이다. 물론 모든 대화가 이렇게 원활하게 흘러가는 것은 아니다. 그렇더라도 몇 가지 규칙만 지키면 긍정적인 결과로 이어질 것이 확실하다.

　첫째, 불편함은 좋은 관계를 만들 수 있는 절호의 기회임을 잊지 말라. 상대방이 지금 불편하다는 건, 그 문제가 해결되면 상대방이 성장하고 그 결과 상대방과 나의 관계가 좋아진다는 뜻이다. 그래서 불편하다고 할 때, 알아주고 공감해주기만 해도 상대방은 문제를 스스로 정의하고 해결책을 찾아갈 가능성이 크다.

　"지금 많이 힘든가 보네요….."

　"일이 많은 것도 많은 건데, 다른 사람들하고 비교해보면 더 속상한 느낌이 드는군요."

　"다 그런데 나만 일이 많다고 생각하면 몸이 힘든 건 별개로 마음이 더 힘들겠어요."

　"아… 그러니까 나에게 서운했겠어요."

　"뭔가 필요한 조치가 취해지지 않고, 내버려두고 있는 것처럼 보이니까 무관심한 거 아닌가, 그런 마음까지 들었을 것 같네요."

PART 4. 슬기로운 대화, 여유로운 팀장

이런 표현들이 언뜻 보면 아무런 의견이나 조언도 없이 상대방의 말에 장단을 맞춰주는 것처럼 보이지만, 실제로는 없어서는 안 될 표현들인 것이다. 상대방의 말을 들어주고, 감정을 들어주고, 욕구를 들어주는 표현들이기 때문이다.

둘째, 시야를 넓히는 질문으로 크게 볼 수 있도록 하라. 윤 책임은 표면적으로는 일이 많은 게 불만이다. 그런데 일을 줄여주면 윤 책임이 만족할까? 그렇지 않다 실제로 윤 책임의 말에도 있듯이 일이란 것이 하다 보면 어느 순간에는 자신이 한가할 때 다른 사람에게 몰릴 때도 있고 자신에게 몰릴 때도 있다. 그러면 또 똑같은 불만이 터진다.

그래서 더 근본적인 것에 대한 탐구가 필요하다. 대체로 팀원들은 자기 자신의 문제를 표면적으로만 이해한다. 그렇다고 면전에서 "그건 표면적인 이유야"라고 말해도 수긍하지 못한다. 자신의 진짜 욕구를 알지 못하기 때문이다. 따라서 코칭 대화를 통해 본인이 스스로 문제의 깊숙한 속을 들여다보고 해결책을 고민하고, 마지막에는 스스로 하고 싶도록 동기를 부여해야 한다. 이를 시작하기에 적합한 질문이 바로 "윤 책임님이 바라는 우리 팀은 어떤 모습이면 좋겠어요?"다. 물론 이 질문이 그냥 나오면 안 된다. 그전에 문제의 깊숙한 속을 들여다봐야 한다.

"저는 일주일 내내 야근하고 있는데, 김 선임님은 워라밸 한다면서 일찍 퇴근해서 드림학원 다니고 있고… 불공평한 거 같아요."

"김 선임님만 그러면 모르겠는데 이 책임님도 그렇고 박 책임님도 그렇고…."

"어차피 하는 일이 다 달라서, 다른 팀원이 바쁠 때 저는 한가한 순간도 있지만, 이상하게 최근 들어서 일이 몰리고 많은 거 같아서 어떻게든 해보려다 말씀드리는 겁니다."

이렇게 대화를 통해 단순히 일이 많다는 문제가 아니라 '팀원들과 팀 전체에 대한 서운함'이 읽혔기 때문에 다음 질문을 던질 수 있는 것이다. 그래서 경청이 중요하다. 경청하지 않으면 상대방은 절대 이야기하지 않는다.

셋째, 떨어지는 낙엽도 조심해야 한다. 내내 잘하다가 마지막에 방심하면 큰일이 난다는 의미로, 사회뿐 아니라 여러 상황에 적용할 수 있다. 등산도 올라갈 때는 단단히 준비하고 가기 때문에 사고가 나는 경우가 드물지만 내려올 때, 거의 다 내려와서 방심해서 사고로 이어진다고 한다. 코칭도 내내 잘하다가 마지막에 방심할 수 있으니 주의해야 한다.

구성원과의 대화에서는 시작, 중간, 끝 모두 다 중요하지만, 결국에 울컥하는 순간은 제일 마지막 순간이 아닐까?

"내가 당신을 믿고 있다."

"나와 같은 고민을 해줘서 고맙다."

"리더로서 잘 성장하고 있는 것 같다."

"함께할 수 있어서 든든하다."

이 같은 기술로 팀원들을 울컥하게 해보자.

## 기대가 없으면
## 말도 안 꺼낸다

팀장의 입장에서는 일이 많다고 하소연하는 팀원을 대하는 일이 힘들 수 있다. 하지만 이것은 관점을 바꿔서 생각해봐야 할 일이다. 팀원 입장에서도 팀장에게 일이 많다는 하소연을 하기가 쉽지 않다. 팀장이 들어줄 사람이 아니라고 판단했다면 팀원은 굳이 이야기하지 않았을 것이다. 그 대신에 다른 팀으로 옮길 계획을 세우거나 퇴사를 진지하게 고민하고 있을지도 모를 일이다. 그렇게 하지 않고 팀장에게 상담했다는 것은 팀장을 괴롭히려고 하는 것이 아니라, 팀장이 팀원에게 관심을 갖고 적절하게 해결해줄 수 있는 사람이라고 판단한 것이다. 그러니 일이 많다고 하소연하는 팀원이 있다면, 그때는 더 관심을 가져주고 더 살펴주고 더 사랑해야 할 순간이다.

팀원이 "일이 너무 많아요"라고 말하면 보통 팀장은 "제 일 좀 줄여주세요"라고 받아들인다. 그 말이 맞기도 하지만, 더 중요한 것은 "지금 힘들다는 걸 알아주세요"라고 들어야 한다. 일이 너무 많다는 건 팀장인 내가 업무 배분을 잘못한다는 뜻이라고 해석하면 이건 정말 싸우자는 거다.

이제 이 사실을 깨닫게 되었으니, 다음에 팀원이 "일이 너무 많아요" 하는 순간이 오면 "나 좀 봐주세요" "관심이 필요해요"라는 이면의 속삭임이 귀에 들릴 것이다.

'핵주먹'이라 불리는 권투 선수 마이크 타이슨Mike Tyson의 유명한 말이 있다.

"누구나 그럴싸한 계획이 있다. 제대로 한 방 얻어맞기 전까지는Everyone has a plan, until they get punched in the mouth."

팀장들이 팀원이었을 때 '나는 팀장이 되면 저러지 말아야지' '내가 팀장이 되면 공정하게 업무 배분을 할 거야' '나는 팀원의 이야기에 귀를 기울일 거야' '나는 평가를 정확하게 해서 불이익을 보는 팀원이 없도록 할 거야' 하는 그럴싸한 계획을 가지고 있었을 것이다.

그런데 막상 팀장이 되어보니, 내가 생각한 것과는 다르다. 그것도 많이 다르다. 생각보다 훨씬 어렵다. 심지어 과거에 나를 힘들게 했던 팀장의 심정과 행동이 이해되기 시작한다.

그때 좀 더 팀장님의 입장을 이해하고 힘이 되어드릴걸 하고 후회한들 현재의 상황이 바뀌지는 않는다. 팀원이었을 때 팀장의 어려움을 어찌 알겠는가? 아마 지금 여러분의 팀원 역시 다를 바 없을 것이다. 그러니 한 방 맞았으면 이제라도 정신 바짝 차리고 제대로 훈련하고 수련해야 한다. 여기저기서 얕은 수를 배워서 섣불리 달려들면 더 큰 화를 자초할 수 있다. 기초부터 천천히 다시 시작하는 것이 바로 리더의 대화, 즉 코칭 대화다.

같은 물을 마셔도 독사가 마시면 독이 되고 젖소가 마시면 젖이 된다. 같은 팀장 밑에 누군가는 독사이고 누군가는 젖소일 것이다. 그래서 결과물이나 성과도 다를 것이다. 내 밑에 젖소 같은 팀원들만 있으면 좋으련만, 어떻게 또 그런 행운이 있겠는가?

그런데 아이러니하게도 젖소 팀원들만 있으면 위대한 팀장으로 가기가 쉽지 않다. 무릇 어려움이 있어야 배움이 있고 성장이 있는 법, 오죽하면 '성장통'이라는 말도 있지 않은가? 내 밑에 독사 같은 팀원이 있어야 아픔이 있고, 아픔이 있어야 위대한 팀장으로 갈 수 있다. 그런 의미에서 나를 힘들게 하는 팀원은 나를 성장시켜주는 고마운 존재다. GM의 알프레드 슬로언 Alfred Sloan 회장은, 임원회의 석상에서 반대의견이 나오지 않으면 회의를 미루는 것으로 유명했다.

"나와 같은 의견만 낸다면, 임원들이 왜 필요하겠는가?"

내 말에 무조건 '네, 네' 하는 팀원도 좋지만, 내 말을 듣지 않고 나를 속상하게 하는 팀원을 귀하게 여겨야 하는 이유다. 혹자는 이렇게 말한다. "난 위대한 팀장까지는 되고 싶진 않아요." 그것도 좋다. 그런 선택은 자유다. 하지만 내 마음처럼 안 되는 팀원, 열의는 있는데 방법이 서툰 팀원, 팀의 분위기를 해치는 팀원이 있다면 그때는 어떻게 할 것인가? 그냥 못 본 체할 것인가? 아니면 언젠가는 괜찮아지겠지 하고 근거 없는 낙관주의자가 될 것인가?

스톡데일 패러독스Stockdale Paradox라는 용어가 있다. 베트남 전쟁에 참전한 스톡데일은 붙잡혀서 1965년부터 1973년까지 수용소에서 보냈다. 석방된 후 그는 포로생활에 대해 이렇게 말한다.

> "불필요하게 상황을 낙관한 사람들이 있었습니다. 그들은
> 크리스마스 전에는 나갈 수 있을 거라고 믿다가 크리스마스가
> 지나면 부활절이 되기 전에는 석방될 거라고 믿음을 이어 나가고,
> 부활절이 지나면 추수감사절 이전엔 나가게 될 거라고 또 믿지만,
> 그렇게 다시 크리스마스를 맞이할 수밖에 없었습니다. 이렇게
> 반복되는 상실감에 결국 죽음을 맞이했습니다. 이건 아주 중요한
> 교훈인데요. '당신이 절대 잃을 수 없는, 마침내 이기겠다는 믿음'과
> 그것이 무엇이든지 '지금 현실의 가장 가혹한 사실들을 직시하는
> 훈련'을 당신이 절대로 혼동하면 안 됩니다."

'마침내 이기겠다는 믿음'은 바로 '마침내 시너지를 내겠다는 믿음'이다. '지금 현실의 가장 가혹한 사실'은 '내 지혜만 훌륭한

PART 4. 슬기로운 대화, 여유로운 팀장

게 아니라 그들의 지혜도 충분히 훌륭하며 늘 모으고 키워야 한다는 사실'이며, '가혹한 현실을 직시하는 훈련'이 바로 코칭 대화다.

팀장이 된 지 얼마 되지 않은 초보 팀장도, 팀장을 오랫동안 해온 베테랑 팀장도, 이 책을 보면서 마음에 와닿은 대화가 분명 있을 것이다. 그중에서 특히 마음에 와닿은 대화는 기억해두었다가 써보길 바란다. 이들 코칭 대화는 모두 평범한 단어를 사용한 평범한 대화다. 특별히 어려운 전문용어가 쓰이지도 않았고, 팀장만 아는 오랜 기술을 담은 말도 없다. 하지만 막상 써보자면, 책의 서두에서 이야기했던 것처럼 처음에는 입에 붙지 않고 어색할 것이다. 그렇더라도 의식적으로 써보자. 대화를 하면 할수록 어색함은 줄어들면서 자연스러워질 것이고 그때쯤 되면 효과 역시 자연스럽게 나타날 것이다.

일 잘하는 사람을 더 신나게 잘하게 하고, 열의가 없던 누군가에게 열의를 불어넣어주고, 열심히 하지만 실패만 하는 누군가에게 격려가 되어주고, 누군가의 닫힌 마음을 열었다면, 우리는 어마어마한 일을 한 것이다. 이런 선한 영향력은 단지 팀장에게만 필요한 것은 아니다. 평생을 두고 어른이 되어가면서 갈고 닦아야 할 것들이다. 다만 핵심 시너지 책임자CSO일 때가 수련하기 딱 좋은 시절이다. 팀장은 적당한 의무감으로 늘 내적·외적 동기가 부여되고, 언제든 수련할 수 있는 수많은 스파링 파트너들을 가진 시기이기 때문이다.

이 책에 나온 역할극 및 해설을
유튜브로도 만나보세요.

# 팀장은 처음이라

**초판 1쇄** 발행 2020년 12월 30일
**개정판 1쇄** 발행 2025년 2월 6일

**지은이** 남관희 윤수환
**펴낸이** 안병현 김상훈
**본부장** 이승은  **총괄** 박동욱  **편집장** 임세미
**책임편집** 장선아  **디자인** 용석재
**마케팅** 신대섭 배태욱 김수연 김하은 이영조  **제작** 조화연

**펴낸곳** 주식회사 교보문고
**등록** 제406-2008-000090호(2008년 12월 5일)
**주소** 경기도 파주시 문발로 249
**전화** 대표전화 1544-1900  **주문** 02)3156-3665  **팩스** 0502)987-5725

ISBN 979-11-7061-223-0  (03320)
책값은 표지에 있습니다.